KB167598

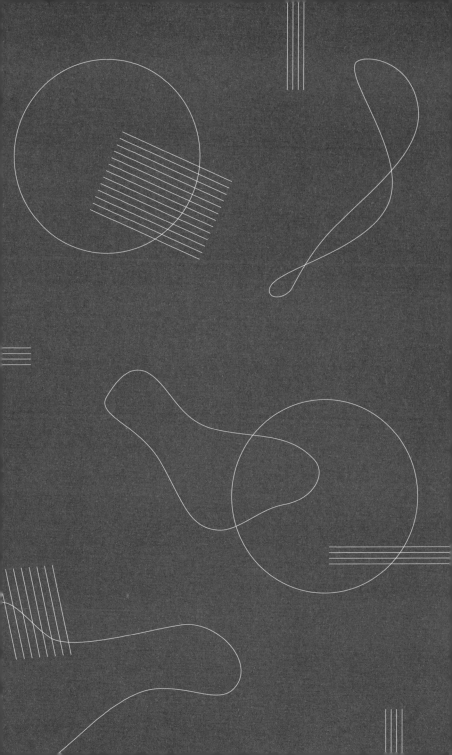

납작하고 투명한 사람들

변호사가 바라본 미디어 속 소수자 이야기

일러두기

- 법률 용어와 통념상 하나로 굳어진 단어는 붙여 썼다.
  예) 상영금지가처분신청, 손해배상청구소송, 반대의견 등
- 이 책의 표기에 관해서는 아래의 원칙을 따랐다.
  · 작은따옴표 (' ')는 강조, 간접 인용 및 기사 제목의 경우
  · 큰따옴표 (" ")는 직접 대화를 나타내거나 직접 인용 및 강조의 경우
  · 홑낫표 (「 」)는 기본3법(헌법·민법·형법)을 제외한 법령명, 법률안, 단행본 수록 작품 및 논문의 제목
  · 겹낫표 (『 』)는 단행본의 제목
  · 소괄호 (( ))는 저자나 편집자의 보충 설명 혹은 우리말 표기와 원어 표기 병기의 경우
  · 빗금 (/)은 시나 노래 가사의 행이 바뀌는 부분
  · 화살괄호 (〈 〉)는 영화, 연극, 드라마 등 방송 프로그램, 웹툰 및 노래 제목

납작하고
투명한
사람들

백세희 글

들어가는 말

변화무쌍한 시절이다. 이 책을 집필하기 시작해 마무리 작업 중인 지금까지의 일 년여 시간이 특히 그렇게 느껴진다. 대중문화 속 소수자에 대해 연구하고 글을 쓰는 동안 현실 세계에는 참으로 많은 변화가 일어났다. 지난 4월에는 대법원이 군대 내에서의 동성애를 처벌하는 「군형법」 조항에 대한 기존의 해석을 폐기했다. 정당 대표가 장애인의 이동권 시위에 대해 비판적인 발언을 해 논란이 일기도 했고, 유명 트랜스젠더 연예인까지 가세해 차별금지법 제정에 대한 불씨가 되살아나기도 했다. 소수자 문제에 의식적으로 관심을 쏟지 않는다면 그냥 지나쳐버릴 수도 있는 사건들이다. 아, 지하철에서의 이동권 시위는 좀 다른 것 같다. 주류인 비장애인에게 직접적인 불편을 초래하기 때문이다. 관련 기사에 얼마나 많은 댓글이 달리던지!

하루아침에 장애가 생겨 휠체어로 지하철을 타야 하는 상황에 맞닥뜨리거나 어느 날 아버지가 갑자기 커밍아웃하는 식의 경험을 직접 하지 않는 이상, 주류에 속하는 '평범한' 사람들이 미디어라는 간접 경험을 통해 소수자 문제를 깊게 이해하는 일은 저절로 일어나지 않는다. 주류에 편승하는 미디어는 본디 입체적인 존재인 개별 소수자를 같은 성향의 단일 집단으로 **'납작하게'** 묘사하는 편리한 방식을 선택하고, 때로는 그들의 존재를 **'투명하게'** 지워버리기 때문이다. 대중문화 콘텐츠 속에서 그들은 납작하고 투명한 사람이 되기 일쑤다.

이 책은 영화, 드라마, 웹툰 등 대중문화 콘텐츠가 보여주는 소수자에 대한 편견과 차별을 법조인의 시각으로 해석한다. 군이 분류하자면 '웃자고 한 농담에 죽자고 달려드는' 그런 종류의 저작들과 같은 편에 놓을 수 있다. 그렇지만 지나치게 욕을 먹거나 구설에 휘말리고 싶지는 않은 욕심에 대체로 중립적인 척하는 서술방식을 택했다. 적어도 처음에는 어떤 주장도 없이 그냥 논란이 있는 이슈를 소개하기만 하려 했다. 하지만 관심을 가지고 자료 연구를 하다 보니 생각이 달라졌다. 아마도 예민한 독자라면 '제3자가 불구경하는 듯한 글'과 '당사자로서 비분강개하는 글'의 차이를 금세 발견할 수 있을 것이다. 대한민국 농촌 지역에서 이성애자 비장애인 여성으로 살아가는 나는 어떤 면에서는 주류이고 어떤 면에서는 비주류이기 때문이다.

　주류니 비주류니 이런 말이 나왔으니 본격적으로 이 책의 컨셉을 설명해 보고자 한다.

　"대한민국의 대표 주류인간 아무개 씨가 대중문화 콘텐츠를 즐기고 있다. 그런데 그 옆에 변호사가 한 명 앉아있다…."

　불편하기 짝이 없는 설정이다. 아무 생각 없이 좀 쉬겠다는데 옆에서 무슨 참견을 할지 생각만 해도 거북하다. 아무개 씨는 흔히 우리가 '보통 사람'이라는 말을 들으면 머릿속에 떠오르는 사람이다. 디폴트 인간이라는 뜻이다. 그는 드라마나 영화를 보면서 웬만해선 불편함을 느끼지 않는다. 대중문화 콘텐츠는 주류인 아무개 씨와 같은 시선으로 세상을 묘사하기 때문이다. 그런데 백세희 변호사가 참견하기 시작하면서부터 조금씩 달라진다. 미세한 균열이 쌓여 과거와는 완전히 다른 콘텐츠 소비자가 되는 것이다. 나는 이렇게 원대한 계획을 갖고 책을 썼다!

책을 펴낸 포부를 당차게 밝혔으니 이번에는 자질구레한 변명을 할 차례다. 일단 '혐오와 차별이 왜 나쁜 것인지'를 근본적으로 밝히는 작업은 포기했다. 관련 서적을 탐독하다 보니, 논란이 되는 이슈를 가볍게 건들고 넘어가는 글을 쓰려던 당초의 계획은 까맣게 잊고 도대체 독자들을 어떻게 설득해야 하나 머리를 싸매고 있는 나 자신을 발견했다. 그리고는 곧 포기했다. 그래서 책은 이미 우리 사회에는 편견과 혐오가 심각하며 소수자 문제는 반드시 해결해야만 한다는 걸 아예 전제로 삼아버린다. 그 전제에 대한 설득부터 시작하는 건 내 능력 밖일 뿐만 아니라 선행 연구에 대한 사족에 불과하다. 근본적인 문제는 말미에 수록한 참고문헌들이 이미 다 논증하고 있다.

그리고 내용을 보면 스포일러투성이다. 다양한 대중문화 콘텐츠를 요약하면서 결말까지 다 언급해버렸다. 스포일러를 아주 싫어하는 독자들에게는 미리 사과드린다. 하지만 결말을 알고 보는 걸 오히려 더 좋아하는 나 같은 사람도 있긴 하다. 흠 있는 작품이라 비난하려고 콘텐츠를 인용한 것은 아니라는 점도 미리 밝힌다. 모든 면에서 완벽한 작품을 찾기란 정말 어려운 일이다. 재미와 연출, 메시지 전달 면에서 훌륭한 평가를 받는 작품도 소수자 관점에서 보면 허점이 있을 수 있다는 걸 환기했다고 여겨주신다면 감사할 따름이다.

소수자 집단이 부당한 편견을 뒤집어쓰게 된 데에는 중첩된 일련의 사건·사고가 원인이 되는 경우가 종종 있다. 특히 소수자에 의한 개별 범죄가 그렇다. 정신장애 중 하나인 조현병에 대한 글을 쓰는 도중엔, 조현병 가해자에 의한 범죄피해자의 유족들이 내 글을 보면 어떤 기분일까 생각하지 않을 수 없었다. 그럼에도 불구하고 병과 사람을 분리해야 한다는 점을 공론화할 필요가 있다고 판단해 용기를 내어 글을 마무리했다.

나의 첫 책인『선녀와 인어공주가 변호사를 만난다면』(호밀밭, 2021)의 들어가는 말에 이어 이번에도 소중한 지면이 결국 이런저런 변명의 장이 되고 말았다. 민감한 주제를 다루고는 있지만 비난은 별로 받고 싶지 않은 게 솔직한 마음이다. 그런 의미에서 진지하고 담대한 각오의 '프로 불편러' 연구자, 작가, 기자들에게 존경을 보낸다. 이 책은 소수자 문제를 다룬 수많은 글에 빚진 결과물이다.

삶의 양식을 송두리째 바꿔 놓았던 코로나 팬데믹 상황이 지겨워지고 정권교체라는 정치적 격변까지 더해진 혼란 속에서 소수자 문제는 뒷전으로 미뤄진 것만 같다. 집필 초기의 '이미 많이 좋아졌는데 이 문제에 대해 굳이 나까지 나서서 책을 쓸 필요 있을까?'라는 의문이 민망해질 정도로 갈 길이 멀어 보인다. 들어가는 말에서부터 대뜸 해버리는 선언이지만, 독자들이 '아는 만큼 보이는데' 이 책이 적게나마 기여할 수 있을 거란 확신이 든다.

2022년 5월
경기도 양평군과 서울 강남구를 오가며,
백세희

1장

아무개 씨는 **서울**에 삽니다

우리의 주인공 아무개 씨는 서울에 산다. 아무개 씨가 서울 사람이었던 이상 훗날 그가 경기도 성남시 분당구 판교동으로 이사 간다 해도 아무 상관 없다. 그는 여전히 자신을 서울 사람으로 분류한다. 아무개 씨는 당연히 교양 있는 서울말인 표준어를 구사한다. 서울 밖에서의 삶은 생각해 본 적도 없다. 아, 가끔 힐링이 필요할 때 평화로운 시골을 떠올리고 은퇴 이후에는 전원에서 조용한 시간을 보내는 건 어떨까 상상은 한다. 그래도 사투리가 너무 심하고 낙후된 지방은 싫다. 아무래도 수도권 지역 중 적당한 상수도 보호구역이 좋겠다. 요즘엔 도로도 철도도 워낙 잘 닦여 있으니 언제든 금방 서울로 돌아올 수 있으니까 말이다. 서울에 살며 서울말을 쓰는 아무개 씨. 그는 대한민국의 주류이자 가장 보통의 사람이다.

사투리: 대한민국 비주류 언어

아무개 씨가 서울 사람으로서 본인도 모르게 누리는 기득권은 상상 이상이다. 말씨만 해도 그렇다. 교양 있는 그가 쓰는 서울말은 '표준어'라는 권위를 갖고 있다. 아무개 씨는 살면서 단 한 번도 자신의 말투나 억양을 '고쳐야' 하는 대상으로 여긴 적이 없다. 그의 언어는 대한민국 주류다.

사투리 핍박의 역사

서울말은 언제부터 중앙어의 지위를 누렸나. 조선 왕조가 시작되고부터다. 알다시피 고려의 수도는 개성, 신라는 경주, 고구려는 평양, 백제는 부여다. 고구려와 백제는 각 2번씩 수도를 옮겼다. 그러니까 조선 이전에 중앙어라고 할만한 지역 언어는 한두 개가 아니었던 셈이다. 1394년 태조 이성계가 수도를 한양으로 옮긴 후부터 지금까지 쭉 서울말이 곧 중앙어다. 600년이 넘었다. 세월이 흐르다 보니 조선 후기부터는 사투리가 관리들 사이에서 비웃음과 놀림의 대상이 되고 서울을 동경하는 지방 사람들이 결단코 서울말을 배우고자 했다는 기록이 남아있다.[1] 하지만 국가 차원의 사투리 탄압은 아니었다. 국가 권력이 나서서 서울말을 표준어로 정해 대중들에게 강권하는 것은 일제강점기에 들어서면서부터다.

일본이야 당연히 지배의 편의와 효율을 위해 표준어의 도입을 서둘렀을 것이다. 하지만 서울말이 중심이 된 표준어를 설파한 건 일제뿐만은 아니었다. 식민지 조선의 지식인들도 민족 역량을 한 데 집중해 근대화를 이룩할 의도로 표준어의 제정과 설파에 적극적이었다. 동상이몽이지만 어쨌든 그 방향은 하나로 향했다. 표준어의 확산은 필연적으로 지방어의 말살을 수반했다. 표준말 사정위원회가 의도적으로 서울 사람 위주로 구성되고 서울·경기 출신의 위원에게만 최종 결정권을 부여했다. 염상섭, 박태원 등을 필두로 하는 당대 최고의 문인들까지 공격적으로 서울말 마케팅에 나섰다. 사투리는 본격적으로 없애야만 하는 해충 같은 지위로 떨어졌다.

광복 이후에는 좀 나아졌을까? 그렇지도 않다. 곧이어 터진 한국전쟁이 끝나고 우리 사회는 국가 재건과 근대화를 추진하는 데 온 힘을 쏟았다. 사투리는 전근대적인 요소로 취급된

---

1 이 글에서 사투리 핍박의 역사를 설명한 부분은 정승철 저 『방언의 발견』(2018, 창비)을 참고했다.

다. "욕설이나 사투리를 쓸 때마다 들은 사람이 지적, 성적표에 기입해서 지적된 사람은 매일 방과 후에 교장 선생과 함께 교정의 풀 뽑기 작업을 했다(…)."[2]는 신문 기사가 연이었으니 사투리야말로 공공의 적이나 마찬가지였다. 게다가 1970년대의 고속도로 건설은 지역 간 불균형 문제의 해결은커녕 중앙집중화를 부채질하기만 했다. 이 과정에서 '표준어(서울말)=근대', '사투리=전근대'라는 인식이 공고해졌다. 1980년대도 마찬가지다. "언어의 분열은 곧 민족의 분열이다. (…) 표준말 하나도 제대로 못 하는 지도자가 어찌 국론을 통일할 수 있겠는가?"[3]라는 신문 기사에서 알 수 있듯이 사투리는 마치 '지역감정의 대리인' 취급을 받기도 했다.

대중문화가 사투리를 구원했다… 정말?

1990년대 초반에도 비슷했다. 한국방송광고공사 산하 방송위원회에서 제정한 「방송 심의에 관한 규정」은 1992년 10월 사투리 규제를 더욱 강화했다.[4] 그럼에도 불구하고 사투리는

---

2   경향신문, 1962. 4. 9.자 기사 중

3   한겨레, 1989. 10. 29.자 기사 중

4   「방송심의에 관한 규정」제3장(방송순서기준) 제63조(언어생활) (…) 방송 언어는 원칙적으로 표준어를 사용하고 특히 고정 진행자는 표준어를 사용하여야 하며 사투리

점점 안방극장을 파고든다. 일단 사투리가 나오면 재미가 있는데 어떻게 막을 수 있겠는가? 사투리를 쓰는 인물은 결코 주연은 될 수 없더라도 극의 윤활유 역할을 한다. 그리고 각 지역 출신들에 대한 편견을 적절히 활용해 캐릭터 표현을 효율적으로 할 수도 있다. 문제는 이 캐릭터 표현이란 거다. 나쁜 놈을 더 나쁘게, 둔한 녀석을 더 둔하게, 똑똑한 이는 더 똑똑하게 묘사할 때 특정 억양을 활용하곤 했다. 지방에 대한 편견을 강화하는데 일조한 셈이다. 몇 가지 예를 살펴보자.

SBS 드라마 〈모래시계〉(1995)는 최고시청률 64.5%를 기록한 전설적인 드라마다. 프로그램이 시작하는 밤 10시부터는 거리가 한산할 정도라 '귀가시계'라고도 불렸다. 그때 나는 중학교 1학년이었는데 이 드라마를 통해 1980년 5월 광주에서 있었던 일을 처음 알게 되었다는 친구들이 많았다. 역사적 맥락에 눈을 뜨는 정도에 그치면 다행이다. 전라도 사투리에 대한 편견까지 함께 생겨버렸다는 게 문제다.

멋진 주인공 박태수(최민수)는 사실 도저히 서울말을 쓸 수 없는 인물이다. 좌익 빨치산의 아들로 태어나 장래가 막혀버려 어쩔 수 없이 광주를 무대로 한 조직폭력배 생활을 시작해 조직

를 사용하는 인물의 고정 유형을 조성하여서는 아니 된다.

내에서 성장하는 청년이다. 유년 시절부터 전라남도 광주(현재 광주광역시)에 살았다. 그런데 서울말을 쓴다! 반면 최고의 악역인 이종도(정성모)는 구성진 전남 사투리를 구사한다. 이종도와 박태수는 어릴 때부터 형제처럼 지낸 사이인데도 쓰는 말씨가 전혀 다르다니 의아하다. 이들의 친구인 강우석(박상원)은 서울말을 쓴다. 왜냐하면 사법고시에 합격한 검사이기 때문이다! 같은 전라남도 출신이라도 주인공이거나 고위 공직자라면 응당 서울말을 쓴다. 그러니까 온 국민이 아는 명대사 "나 지금 떨고 있니?"는 결코 "나가 시방 떨고 있냐?"가 될 수 없는 것이다.

　〈모래시계〉야 뭐 벌써 27년 전 드라마니까 그렇다고 치자. SBS 드라마 〈녹두꽃〉(2019)을 보자. 이 드라마는 1894년 동학농민혁명의 혼란 속에서 농민군과 토벌대로 갈라진 이복형제의 이야기를 그렸다. 방영 당시 전봉준과 대립하다가 동지가 되는 백이강 역을 맡은 배우 조정석의 맛깔난 사투리 연기가 큰 화제였다. 그런데 정작 제목인 '녹두꽃'이 상징하는 전봉준(최무성)은 전남 사투리를 쓰지 않는다. 영웅은 서울말을 쓴다. 다른 양반들도 마찬가지다. 사투리가 구성진 백이강은 영웅적인 역할을 하지만 천민 출신이다. 영웅 사이에도 격이 존재하는 셈이다. 진짜 영웅은 서울말을 쓰고, 아류 영웅은 사투리를 쓴다. 이런 방언 활용 방식은 기존 대중문화 콘텐츠에 반영된 표준어와

방언 사이의 위계 구조와 정확히 일치한다.

반면 모든 드라마의 등장인물이 주연과 조연을 가리지 않고 평등하고 신나게 사투리를 쓰는 드라마도 있다. 바로 tvN 〈응답하라 1994〉(2013)이다. 작품은 1994년 서울 신촌의 하숙집을 배경으로 지방 각지에서 상경해 한 집에 사는 대학교 새내기들의 에피소드를 다룬다. 대학 농구 열풍과 '서태지와 아이들' 등 1990년대 중반 문화에 대한 묘사와 더불어 경상도, 전라도, 충청도 사투리까지 정신없이 등장한다. 방영 당시엔 눈만 뜨면 이 드라마 관련 기사들이 쏟아져 나왔다. 사투리는 이제 우리의 소중한 존재가 된 것일까? 비주류에서 드디어 주류 문화로 입성한 것인가?

〈응답하라 1994〉가 사투리를 대중문화 콘텐츠 속 범죄자나 모자라고 촌스러운 사람을 표현하는 역할에서 해방해 낸 것은 기념할만한 일이다. 그러나 이 드라마가 갖는 한계는 제1화에서 분명히 나타난다. 시간이 흘러 현재 시점에 세련된 어른으로 자리매김한 주인공 성나정(고아라). 그가 과거를 회상하며 읊조리는 내레이션과, 자신과 마찬가지로 경상남도 마산 출신인 남편 김재준(별명은 '쓰레기', 정우)과의 통화에서는 서울말을 쓴다. 신나게 사투리의 향연을 벌여 놓고 왜 현재 시점에서 등장인물들의 사투리를 서울말로 '고친' 걸까?

언어학계에서는 일반적으로 만 13세 정도까지는 언어를 모어(母語)로서 습득한다고 본다. 대충 초등학교와 중학교 언저리까지 사투리로 말해왔으면 성인이 되어서도 그 말씨가 그대로 유지되는 게 자연스러운 거다. 따라서 성인이 된 이후 아무리 서울에 오래 산다고 해도 새로 습득한 어휘는 표준어를 따라가겠지만 유년 시절부터 쓰던 억양은 쉽게 사라지지 않는다. 내레이션이야 그렇다 쳐도 마산에서 친남매처럼 함께 자란 남편과의 통화에서도 서울말을 쓰는 설정은 어색하게 느껴진다. 은연중에 서울말을 쓰는 것이 마치 문명화된 것처럼 여기는 세태가 반영된 것이 아닐까? 그렇다면 〈응답하라 1994〉 속 사투리는 1994년 미숙한 청년들에게는 주류였지만 2013년 성숙한 생활인들에게는 비주류인 셈이다.[5]

중앙집중형 표준어 정책, 계속 유지해야 하나

촌스러움과 미숙함의 상징처럼 보이는 사투리. 사투리의 지위는 표준어라는 전범(典範)이 존재하는 한 쉽게 회복되기 어려워 보인다. 현행 「표준어 규정」(1988. 1. 19. 문교부고시 제88-2호)

---

5   tvN 드라마 〈슬기로운 의사생활〉(2020)도 마찬가지다. 대학 신입생 때는 사투리를 쓴다. 이후 점점 커리어가 자리를 잡으며 사투리 비중은 줄어들고 서울말을 쓴다.

에 따르면 표준어는 '교양 있는 사람들이 두루 쓰는 현대 서울 말'이다. 여기서 표준어와 '교양인'이 결부되며 사투리를 쓰는 사람들은 표준어의 정의 그 자체에서 박탈감과 모멸감을 느낄 수 있다. 사투리는 교양 없는 사람들이 쓰는 말이냐고 비약하기도 한다.

이런 문제의식을 바탕으로 표준어는 급기야 헌법재판소에 갔다(헌재 2009. 5. 28. 2006헌마618 전원재판부). 표준어 규정 제1장 제1항이 위헌이라 주장하는 이 사건의 청구인은 무려 123명이었다. 초·중·고등학교 학생, 학부모, 공공기관의 공문서를 표준어로 작성하거나 그런 공문서를 접해야 하는 일반인들이다. 이들은 「표준어 규정」과 표준어로 교과서 및 공문서를 작성하도록 한 「국어기본법」이 국민의 평등권과 행복추구권 및 교육권을 침해한다고 주장했다.

결과는 어떻게 되었을까? 재판관 7대 2의 의견으로 기각됐다. 강제되는 표준어 규정의 범위는 공문서의 작성과 교과서의 제작이라고 하는 공적 언어생활의 최소한의 범위를 규율할 뿐이므로 표준어의 존재 그 자체는 합헌적인 것이라는 취지다. 다만 서구 선진각국의 경우 국가가 나서서 표준어 형성 과정에 개입하지 않는다는 점을 참고해 적어도 문화의 영역에 있어 국가의 개입은 최소한의 범위에 그쳐야 한다는 취지의 재판관 2인의 반대의견 있었다. 시간이 더 흐른다면 반대의견의 숫자가 늘어날지 어떨지는 모를 일이다.

나는 줄곧 서울에 살다가 초등학교 4학년 한 해만 경상남도의 어느 소도시에서 지냈다. 서울말을 쓰는 나는 담임선생님의 '최애' 제자였다. 국어 시간에는 나를 일으켜 세워 교과서를 읽게 했다. 굉장히 우쭐했다. 사투리의 바다에서 나 혼자서 고고하게 서울말을 구사했다. 이제 와 돌이켜 생각하면 같은 반 친구들이 보기에 얼마나 재수 없었을까. 그래도 군소리하는 아이들은 없었다. 주류의 권위는 비주류의 홈그라운드에서도 여전히 힘을 발휘한다. 대중문화 콘텐츠 속에서 차별적으로 등장하는 사투리는 주류의 귀에는 들리지 않는다. 이렇게 자꾸 얘기를 해줘야 들린다. 다음 글에서는 '서울 촌놈'들이 묘사하는 지방은 어떤 모습인지 살펴보자.

힐링과 피난처로서의 시골

아무개 씨는 각박한 도시의 삶에 지쳤다. 서울엔 사람도 자동차도 건물도 너무 많다. 그럴 땐 노란 벼가 넘실대는 시골길을 자전거로 달리는 상상을 한다. 바닷바람을 맞으며 여유 있게 해먹에 누워도 좋겠다. 때가 되면 인심 좋은 이웃 할머니가 나눠주는 생선을 석쇠에 구워 먹어볼까. 그러고 보니 이거 언젠가 TV에서 본 장면 같네.

우리 마음속 영원한 고향: 시골

힐링 영화를 한 편 소개하려 한다. 임순례 감독의 〈리틀 포레스트〉(2018)다.[6] 서울에서 임용고시에 실패하고 연애도 지지부진한 혜원(김태리)은 답답한 마음에 일단 며칠만 머물 생각으로 고향으로 돌아온다. 서울에서의 직장생활을 관두고 혜원보다 먼저 돌아와 부모님의 과수원 농장을 꾸리는 재하(류준

---

6 일본 만화가 이가라시 다이스케의 동명 만화를 원작으로 한다. 일본 영화 〈리틀 포레스트: 여름과 가을〉(2015)와 〈리틀 포레스트: 겨울과 봄〉(2015)은 이 만화를 원작으로 만들어졌다. 우리나라의 〈리틀 포레스트〉는 이들 영화의 리메이크작이다.

열)와 고향 읍내의 작은 금융기관에 취업해 일하고 있는 친구 은숙(진기주)과 재회한다. 며칠만 쉬다가 다시 돌아갈 생각이었는데 이곳에 머무는 시간이 생각보다 행복하다. 밭에서 키운 작물로 각종 요리를 한다. 쌀과 밀가루를 사러 자전거를 타고 낑낑대며 멀리 나가야 하지만 집에는 신기하게도 강판에 갈아서 파스타에 뿌려 먹을 덩어리 치즈(아마도 로마노 또는 페코리노가 아닐까)와 프랑스 디저트 크렘 브륄레를 만들기 위한 크림 커스터드와 바닐라 분말은 있는 것 같다. 요리의 전 과정과 인물들이 이를 먹는 모습은 감각적이고 따뜻하게 묘사된다. 아무튼 친구들과 소소한 시간을 보내고 이것저것 제철 음식을 만들어 먹으며 사계절을 다 보낸다. 혜원은 몇 년 전 수능시험을 마치고 돌아온 자신을 남겨두고 훌쩍 마을을 떠나버린 엄마를 회상하며 이 고향이 바로 자신의 작은 숲, 그러니까 영화의 제목처럼 '리틀 포레스트'라는 걸 깨닫고 영화는 막을 내린다.

소개한 바와 같이 이 영화를 설명하는 대표적인 단어는 '힐링'이다. 인터넷으로 검색해보면 금방 알 수 있다. 그 뒤를 이어 '위안', '위로', '치유', '휴식' 등이 따라온다.[7] 감동적으로 본

---

7 관람객들의 리뷰뿐만 아니라 국내 대형 포털사이트의 작품 소개란에 공식적으로 올라온 글에도 똑같이 등장하는 단어들이다.

사람들이 많은 것 같다. 150만 명이 관람했으니 흥행도 성공이
다. 그런데 농촌에 사는 나는 영화를 보는 내내 복잡한 마음이
들었다. 어라? 저거 너무 판타지인데. 묘하게 불쾌한 느낌이었
다. 나만 그런가 싶어서 역시 같은 농촌 거주자 몇 명에게 영화
를 소개했다. 그들의 반응은 나보다 격렬했다.

지방을 향한 중앙의 시선: 내부 오리엔탈리즘

농어촌에 사는 백세희와 친구들은 왜 이 영화가 씁쓸할
까? 그것은 지방에 대한 도시 사람의 편향된 시선을 느꼈기 때
문이다. 우리가 생활은 불편하지만 마음만은 평화로운 안식처,
시간이 멈춘 듯 평화로운 곳에 사는 팔자 좋은 사람들이었나?

미디어학자들은 대중문화 콘텐츠가 지방을 치유와 회복
의 안식처로 전형화하는 것을 '내부 오리엔탈리즘'이라고 분석
한다. 오리엔탈리즘이 무엇이던가? 오리엔탈리즘은 과거 제국
주의 서구 열강이 동양의 모습을 자신들의 렌즈로 왜곡해 인식·
정의·묘사·연구하는 담론 전체를 어우르는 용어다. 동양을 '야
만', '비이성', '미발전', '신비로움', '자연', '순수함', '숭고함'과 연
결해 타자화하고 문명화한 서구권의 우월적 지위를 내면화한
다. 오리엔탈리즘은 동양은 야만적이고 미개하지만 동시에 상

실을 치유할 수 있는 순수한 공간으로서 계속 남아있을 것을 요구한다. 서양-동양의 대립에 대한 이러한 시각이 서울-지방의 대립에 반영되는 것이 바로 내부 오리엔탈리즘이다.

대중문화 콘텐츠에서 지방, 그중 특히 농어촌은 '고향'으로 상상되며, 과거의 향수적 공간으로서 그대로 머물러 있어야 할 곳으로 재현되곤 한다. 이러한 시선은 서울과 지방 사이의 양극화를 자연스럽고 당연한 것으로 받아들이게 만들 위험이 있다. 이런 식으로 대중문화 콘텐츠는 내부 오리엔탈리즘을 강화하는 도구로 이용된다. 의도했든 아니든 마찬가지다.

다시 영화 〈리틀 포레스트〉로 돌아와 보자. 차라리 먹방이나 쿡방과 같은 종류의 '푸드 포르노'를 노골적으로 지향했다면 그 자체로 충분히 즐길 수 있을지도 모른다. 그런데 이 영화는 청년들이 처한 현실도 묘사한다. 편의점에 찾아온 진상 손님, 유통기한이 지난 편의점 폐기 도시락, 갑질하고 짜증 나는 직장 상사들…. 혜원의 귀환과 재하의 귀농에 대한 개연성을 부여하기 위해 팍팍한 현실을 맥락으로 집어넣은 순간 이 영화는 단순한 푸드 포르노를 넘어 사회 고발의 성격도 (약간) 갖는다. 현실과 판타지가 어정쩡하게 섞인다. 그 과정에서 농어촌에 대한 내부 오리엔탈리즘 시선이 은근슬쩍 현실 반영에 올라탈 수 있다. 행정구역상 '리'에 사는 백세희와 친구들은 그 부분이 불편했던 거다.

지방의 문제에 대해선 얼마나 중립 기어 놓고 계십니까?

막연히 농어촌이 자연 상태로 온전히 남아있길 바라는 마음, 즉 '노스텔지어'가 해로우면 얼마나 해로울까. 서울 사람들이 뭐 시골에 편의점 하나 못 만들게 하는 건 아니지 않나. 하지만 내부 오리엔탈리즘적 시각을 내면화하면 자신도 모른 채 지방의 개발을 둘러싼 문제에 설익은 의견을 보탤 수도 있다. 요즘 인터넷에서는 분쟁 상황을 접하게 되면 '중립 기어 놓고 양쪽 얘기 다 들어보겠다'고 판단을 유보하는 이들이 늘었다. 어느 한쪽 얘기만 듣고 흥분하는 경거망동을 절제하겠다는 선언이다. 그럼, 자신이 내부 오리엔탈리즘에 물들어 있을 수도 있다고 스스로 진단해 지방과 중앙이 대립하는 문제에 중립 기어를 놓기도 할까?

새만금 간척사업을 떠올려보자. 전라북도 군산과 부안을 연결하는 방조제를 축조하여 토지를 조성하는 사업이다. 2000년대 초 시행 과정에서 환경단체에 의한 반대에 부딪혔다. 반대는 대중의 공감을 얻어 큰 물결이 되었다. 서울을 중심으로 활동하는 환경단체와 도시에 살면서 기껏 일이 년에 한 번 갯벌을 찾는 이들이 한목소리로 우려를 표했다. 새만금 지역 주민들의 목소리는 어땠을까? '우리도 한번 오염돼봤으면 좋겠다'는 자조적인 목소리는 지역이기주의라는 비판 속에 묻혔다. 도청의 홍보나 건설사들, 지역 언론에 놀아나서 환경이라는 대의를 저버렸다는 비난도 받았다.

　　단순히 '지역 개발' 대(對) '환경 오염'으로 도식화할 수 있는 간단한 문제가 아니었다. 비주류인 지방 중에서도 더 비주류인 전라북도 사람들의 가난과 소외 등을 고려하지 않고는 함부로 말하기 어려운 문제다. "환경단체들은 왜 서울은 내버려 두고 지방만 감시하고 있을까?", "서울의 청계천도 따지고 보면 더 오염될 수도 없는 막장까지 가서 복원된 것 아닌가?" 이런 지역의 의견에 대중들이 얼마나 귀 기울였는지 모르겠다.[8] 중립기어를 놓기 위해서는 우리도 모르게 내부 오리엔탈리즘에 물들어 있는 건 아닌지 점검해볼 필요가 있다. '원형 그대로 지켜져야 하는 지역'이 따로 존재한다는 인식이 복잡한 문제의 다양한 의견을 덮는 귀마개 역할을 할 수도 있다.

8　　나도 그때 대학교 환경법 수업에서 새만금 간척 반대를 부르짖는 발표를 했었다. 지역민들의 의견은 경제 부흥이라는 측면에서 잠깐 소개하는 정도에 그쳤다. 그때는 환경운동에도 서울과 지방의 계급적 구조가 반영되어 있을 가능성에 대해선 눈곱만큼도 알아채지 못했다. 다만 여기서 내가 환경운동의 대의에 딴지를 거는 것은 결코 아니라는 사실을 밝힌다.

누군가의 휴식 같은 기억에 초를 쳐서 미안하다. 〈리틀 포레스트〉의 관람객 150만 명 중 아마도 120만 명 정도에게는 행복한 시간으로 남아있을 것 같은데 말이다. 시골을 배경으로 하는 각종 힐링 예능프로그램을 즐기는 이들에게도 미안하다. 처음부터 알고도 즐겼다면 할 말이 없지만 자신도 모르게 주류적 시선, 그러니까 내부 오리엔탈리즘에 빠져있었다는 걸 깨달은 이는 충격을 받을 수도 있겠다. 적어도 나는 그랬다. 시골에 와서야 알게 된 것이지만. 이 글이 영화 〈매트릭스〉의 빨간 약이 되었기를 바란다. 그러면 조금 덜 미안하다.

승리자의 서울, 패배자의 지방

아무개 씨의 직장동료 어쩌구 씨. 그는 지방의 중소도
시에서 나고 자라 '인서울'을 위한 피나는 노력 끝에 바
람대로 서울에서 일하고 있다. 요즘 어쩌구 씨는 시름
이 깊다. 지방 지사로 발령이 난 바람에 졸지에 귀양 가
는 신세가 되고 말았다. 아무개 씨도 겉으로 티를 내지
는 않지만 자신이 다음 차례가 되지 않을까 막연히 불안
하다.

"서울로 가고 싶어 죽겠어요."

김승옥의 단편소설 「무진기행」(1964)은 한국전쟁 이
후 서울에 대한 동경이 잘 표현된 작품이다. 잠시 두 주인공의
대화를 들어보자.

"미칠 것 같아요. 금방 미칠 것 같아요. 서울엔 제 대학 동창
들도 많고… 아이, 서울로 가고 싶어 죽겠어요."
"그렇지만 내 경험으로는 서울에서의 생활이 반드시 좋지도

않더군요. 책임, 책임뿐입니다."

"그렇지만 여긴 책임도 무책임도 없는 곳인걸요. 하여튼 서울에 가고 싶어요. 절 데려가 주시겠어요?"

대도시에 대한 동경은 대한민국만의 현상은 아니다. 거창한 꿈을 좇아 뉴욕으로 향하는 지역 젊은이들의 이야기는 할리우드 영화에 숱하게 등장하는 클리셰다. 그런 플롯에서 도시는 화려한 기회의 땅으로 지방은 지루하고 변변치 않은 촌구석으로 묘사되는 건 어느 정도 자연스럽다. 하지만 그 지겨운 서사를 반복하는 미국조차 한국과 같은 수도권 중심의 '1극 체제'는 결코 아니다. 국토가 워낙 넓은 연방제 국가라서 물적·인적 자원이 전 국토에 퍼져 있다. 당장 대학만 놓고 생각해보자. '아이비리그'라고 북동부지역에 8개의 유명 사립대학이 몰려 있긴 하지만 지역별로 주립대학교의 위상이 워낙 높다. 개천에서 난 용은 전국 각지에 머문다. 여기저기에 용이 산다.

한국 사회의 용은 어디에 살까? 단연 서울이다. 부산이 '제2의 도시'라고 말은 하지만 이미 2014년 초등학생 숫자에서 인천에 추월당했다.[9] 초등학생 숫자가 무엇을 의미할까? 계속

---

9 2014년 초등학생 수 : 인천 15만 6,740명, 부산 15만 5,754명. 이 차이는 해마다 벌어지고 있다

자라나는 도시라는 뜻이다. 이제 대한민국엔 서울을 중심으로한 수도권이라는 거대한 한 덩어리와 나머지 작은 부스러기만존재한다. 수도권 인구가 전체 인구의 절반이 된 상황이니, 모든 인프라의 수도권 집중 현상은 더는 바꿀 수 없는 당연한 조건처럼 느껴지기도 한다. 둔감해진 것이다. "서울로 가고 싶어죽겠다"는 말이 어색하게 들리지 않는다.

드라마 속 '말(馬)은 나면 제주로, 사람은 나면 서울로'

이런 둔감함은 그대로 TV 드라마에 드러난다. 첫 번째 방식은 지방을 아예 드러내지 않는 것이다. 이는 의도적으로 지방을 감춘 게 아니라 작품 속에서 주로 수도권만을 치열한 삶의 배경으로 삼으며 반사적으로 이루어진다. 비교적 최근의 전문직 드라마를 살펴보자. MBC 〈개과천선〉(2014), tvN 〈굿와이프〉(2016), KBS 〈슈츠〉(2018)는 변호사가 주인공인 드라마다. 대형 로펌이나 능력 있는 법률 전문가가 등장해야 해서 그런 걸까. 배경은 서울이다. tvN 〈무법 변호사〉(2018)는 배트맨 시리즈의 '고담 시티'를 모티브로 한 가상도시 '기성'이란 곳이 배경인데, 실제 촬영지는 인천이다. KBS 〈동네변호사 조들호〉(2016)의 주요 촬영지도 역시 인천이다. SBS 〈날아라 개천용〉(2020~2021)은 전남 완도군에 부속된 작은 섬 노화도 출신의 변호사 박준영을 모델로 삼았지만 그의 사무실은 수도권에 있다. 지방은 단지 비극적인 사건들이 일어나는 배경일 뿐이다.

　　의학 드라마는 어떤가. 2020년과 2021년 최고의 인기 드라마 중 하나인 tvN 〈슬기로운 의사생활〉 시리즈를 보자. 각 지방에서 상경한 99학번 의대생이 이젠 어엿한 교수가 되어 서울의 대형 병원에 근무한다. 시즌1의 막바지에 주인공 채송화(전미도)는 몸과 마음이 힘들다며 속초 분원에서 1년 동안 근무하겠다고 천명한다. 친구들은 심각한 표정으로 대체 왜 그런 결정을 한 것인지 의아해하고, 이에 송화는 "좀 쉴래, 쉬고 싶어. (…) 좀 쉬면서 디스크 치료도 하고, 못한 공부도 하고 싶어", "서울은 자주 올 거야"라 대답한다. 친구들도 "그래, 서울이랑 속초랑 반반씩 있으면 되지 뭐"라며 대화 상황을 종료한다. 마치 삶의 주요 무대에서 잠시 사라지는 분위기다. 속초라는 공간에 '휴식'과 '재충전'의 이미지를 덧씌웠다는 점에서 앞선 글에서 다룬 내부 오리엔탈리즘이 떠오르기도 한다. 송화가 속초 분원으로 떠났어도 그가 등장하는 주요 분량은 여전히 서울에서 채운다.[10]

---

[10]　시즌1이 끝날 때까지 일주일에 절반 정도 서울에서 VIP 수술을 한다는 이유로 매회 서울 장면에 등장하고 시즌2에서도 계속 등장하다가 중간에 어물쩍 1년이 흘러 아예 다시 서울로 돌아오는 설정이다. 흥미로운 것은 재단법인 속초문화재단이 인터넷 블로그에서 이 드라마를 언급하며 속초를 '힐링'의 관광지로서 적극적으로 소개한다는 점이다. 전문가가 피신하는 '덜 바쁘고 덜 치열한' 이미지에 대한 반론을 제기하기엔, 관광도시로서의 홍보가 훨씬 시급하고 중요하다.

TV에서 수도권 중심주의를 드러내는 두 번째 방식은 비수도권 지역을 적극적으로 '좌천', '귀양' 이미지로 소비하는 것이다. SBS〈열혈사제〉(2019)에서 권력을 향해 내달리는 검사 박경선(이하늬)의 지방 발령은 좌천으로 표현된다. 윗선에 밉보여서 울며 겨자 먹기로 지방으로 쫓겨나는 설정이다. SBS〈낭만닥터 김사부〉(시즌1 2016~2017, 시즌2 2020)에서도 비슷한 상황이 등장한다. '신의 손'이라 불리던 외과의사 부용주(한석규)는 환자의 죽음을 계기로 지방 병원으로 은둔해 버린다. 승승장구하던 젊은 의사 강동주(유연석)는 VIP 환자의 응급수술에 실패해 같은 지방 병원으로 전출된다. 다만 이 드라마는 지방 병원을 단순히 실패한 주인공이 와신상담하는 장소로만 이용하지 않고 극 전체의 배경으로 삼았다는 점에서 뻔한 클리셰를 극복한다. 견고하기만 한 전문직 드라마 속 수도권 중심주의에 균열을 낸 작품이다.

대한민국은 '서울공화국'

드라마 속의 모든 인적·물적 자원이 수도권에 집중되는 걸 무턱대고 비난할 수만은 없다. 현실은 더 노골적이기 때문이다. 우리나라에서 정부의 권한에 속하는 주요 정책을 심의하는 최고 정책 심의기관은 '국무회의'다. 대통령이 의장이 되고 국무총리가 부의장이 된다. 대통령이 의장이라니. 대한민국의 엑기스만 모아놓은 회의체일 것 같다. 그렇다면 누가 배석이 될까? 아마 정부 주요 부처의 기관장일 것이다. 그런데 여기에 지방자치단체장도 한 명 낀다. 오직 서울특별시장 단 한 명만![11, 12] 부산광역시장도 경기도지사도 국무회의에서 특별히 초대손님으로 불러주지 않으면 참석할 수 없다. 이렇게 제도부터 서울은 곧 대한민국, 대한민국은 곧 서울이다.

현실이 그렇다고 대중문화 콘텐츠의 서울 중심주의가 면죄부를 얻는 건 아니다. 자연스럽게 배경으로서 노출되는 서울과 지방의 이미지는 기존 질서를 주어진 조건으로 굳히는 역할을 할 뿐이다. 아쉽게도 현재까지 대중문화 콘텐츠가 서울 중심주의에 대한 특별한 문제의식을 드러내고 있는 것 같지는 않다. 비정규직 문제를 다루며 양질의 직장의 수도권 편중, 지방대학교 출신자에 대한 차별 등을 에피소드 형식으로 단편적으로 보여주는 몇몇 경우가 있을 뿐이다. 서울 중심주의는 개별 '사건'

---

11 「국무회의 규정」(대통령령 제28211호) 제8조 제1항 국무회의에는 대통령비서실장, 국가안보실장, 대통령비서실 정책실장, 국무조정실장, 국가보훈처장, 인사혁신처장, 법제처장, 식품의약품안전처장, 공정거래위원회위원장, 금융위원회위원장, 과학기술혁신본부장, 통상교섭본부장 및 서울특별시장이 배석한다(후략).

12 여타 광역지방자치단체장은 빼고 서울시장만 국무회의에 배석한다는 사실은 오랜 기간 문제점으로 지적되어왔다. 이 문제 제기는 결실을 맺어 2022년 1월 13일 시행되는 「중앙지방협력회의의 구성 및 운영에 관한 법률」에 의해 광역지방자치단체장도 참석하는 이른바 '제2국무회의'제도가 신설되었다.

이 아닌 '배경'으로서 존재하는 측면이 강해 대중문화 콘텐츠 속의 제설정에서 별다른 비중을 차지하지 못하고 있는 것 같다.

　　서울이 지방의 모든 자원을 다 빨아들이는 것 말고도 슬픈 점이 또 하나 있다. 서울이라는 대도시가 대중문화가 만들어내는 우리의 감상과 향수마저 독점한다는 사실이다. 막막한 미래에 대한 불안감을 서울에 있는 옥탑방에서 수많은 도시의 불빛을 망연자실하게 내려다보는 모습 말고 어떻게 단 한 장면으로 시각화할 수 있을까? 시골에서 무르익어가는 노란 벼를 마주 보는 젊은이는 응당 불안감이 아닌 뿌듯함을 느껴야만 하는 존재인가?

　　낭만, 소외, 외로움, 긴장, 갈등, 성취 등 실제 인간이 느끼는 감정의 공간적 배경이 대부분 수도권이라는 점은 분명 문제가 있다. 내가 걷던 거리, 내가 보던 풍경, 내가 머문 건물이 나오는 화면을 보며 주인공과 공감하는 나의 감상조차도 '특혜'가 될 수 있다는 사실을, 주류인 서울 사람들은 잘 모른다.

2장

아무개 씨는 **젊은** 성인입니다

아무개 씨는 적당히 나이 먹은 어른이다. 어떻게 세월이 이렇게 쏜살같이 흘러간 건지 얼떨떨하지만 뭐, 앞으로도 지금껏 살아온 만큼 이상의 시간이 남아있으니 이 나이가 딱히 애잔하지는 않다. 아무것도 모르던 어린이 시절은 이제 기억도 잘 나지 않는다. 애들이 뭐 그렇지. 어차피 거의 잊어버릴 기억인데 뭐가 그렇게 두렵고 슬퍼서 야단을 떨었나 모르겠다. 학창시절도 그렇다. 약육강식의 세계와 질풍노도의 시기 아니었나. 예나 지금이나 '일진' 아니면 '쩐따', '범생' 셋 중 하나다. 시간이 흘러도 똑같을 것 같다. 지나간 시간이 다 무슨 소용인가. 앞으로 펼쳐질 날들만이 중요하다. 다만 궁상맞고 괴팍하고 꼰대 같은 늙은이만 되지 않으면 좋겠다. TV 예능프로그램 속 노인들처럼 느리지만 단정하고 귀엽게 나이 들어야지.

어린이는 단지 '내일'의 주인공?

아무개 씨는 요즘 어린이가 등장하는 예능프로그램에 푹 빠져있다. 아이들의 귀여운 모습과 재잘대는 목소리는 그 자체로 힐링이다. 나도 저렇게 실수해도 격려받고 싶다. 하지만 지금 앉아있는 이곳 카페는 망아지 같은 아이들이 점령했다. 애가 왜 저 모양일까? 저런 애들은 몇 대 맞으면 정신이 번쩍 들 텐데.

TV 속의 귀여운 아이, 현실에선 진상 잼민이[1]

육아 예능이 대세로 자리 잡은 지 오래다. KBS 〈슈퍼맨이 돌아왔다〉(2013~), MBC 〈아빠! 어디가?〉(2014~2015), SBS 〈오! 마이 베이비〉(2014~2016)가 1세대다. 열광하던 대중은 머지않아 이른바 '정상 가족'을 구성해 넉넉하게 사는 연예인의 육아에 위화감이 든다는 비판을 가한다. 이를 반영해 JTBC가 한

---

1 남자아이 이름 '재민'을 어원으로 인터넷에서 만들어진 말이다. 보통은 초등학생 정도의 어린이를 일컫는데, 이젠 개념 없이 방종한 저연령층에 대한 멸칭으로 자리잡았다(애칭이라는 주장도 있다).

부모 가정 리얼리티 쇼 〈내가 키운다〉(2021)를 제작하는 등 조금씩 변주가 이루어지고는 있지만 기본적으로 육아 예능 프로그램의 존망이 유아의 '귀여움'에 기대고 있다는 점은 다르지 않다.

유아기를 벗어나 학령기 어린이가 되면 그때부터 대중의 기대는 귀여움에서 '의젓함'으로 옮겨간다. 미디어는 이를 기가 막히게 반영한다. JTBC 드라마 〈품위있는 그녀〉(2017)의 열살 지후는 불륜을 저지른 아빠에게 동화 「헨젤과 그레텔」과 「신데렐라」를 인용하며 세련되게 경고하고 엄마를 위로한다. KBS 드라마 〈동백꽃 필 무렵〉(2019)의 여덟 살 필구도 홀로 자신을 양육하는 엄마를 지키려는 의젓한 아들이다. 일곱 살엔 엄마와 함께 TV를 보다가 애니메이션 속에 '아빠'라는 존재가 등장하자 얼른 채널을 뉴스로 돌려버리기도 했다. 홀어머니 마음이 불편할까 봐!

대중문화 콘텐츠가 어린이를 주로 귀엽고 속 깊은 존재로 묘사하는 건 결코 바람직하지 않다. 대상을 특정한 속성으로 환원해 열광하면서 그 기준을 벗어난 모습을 용인하지 못하는 게 바로 혐오의 전형이다. 내가 이 글을 쓰며 발견한 유명 블로거는 "딸만 둘인 나는 필구를 보며 아들을 낳고 싶어졌다"고 자신의 블로그에 글을 남겼는데, 이게 바로 미디어가 만든 환원된 이미지에 낚인 전형적인 경우다. 필구 같은 아들? 현실의 아동은 귀엽고 사랑스러우면서 동시에 시끄럽고, 억지 부리고, 물건을 부수고, 말을 듣지 않는다. 딸 둘을 키우면서 사정을 알만한 사람도 무심코 내뱉을 정도니 육아를 경험하지 않은 많은 이가 오해하리란 건 쉽게 짐작할 수 있다. 현실에서는 귀엽지 않은 아동에 대한 배제와 거부가 자연스럽다. 국가인권위원회는 2017년 9월 25일 전원위원회에서 이른바 '노키즈 존'은 아동과 아동을 데리고 온 성인에 대한 차별, 즉 나이를 기준으로 한 평등권 침해 행위라고 판단했다. 하지만 노키즈 존은 사라지지 않는다. '맘충'이라는 여성혐오적인 개념까지 더해지면 아동의 출입을 불허하는 정당화 논리가 만들어진다. 이 논리의 부당함을 눈치챈 일부 사업주는 아동의 '안전'을 위해 출입을 거절한다고 말한다. 안전을 이유로 휠체어와 목발 사용자의 출입을 불허한다는 말은 (차마) 못하면서 아무튼 아이들은 안 된다고 한다.

'경력 같은 신입'을 기대하는 사회

점잖고 의젓한 아이라는 말, '경력 같은 신입'과 다를 바 없다. 하지만 우리는 처음부터 능력자로 태어나지는 않기 때문에 결국엔 훈련을 통해 경력직처럼 기량을 갈고닦아야 한다. 노키즈 존이 생겨나는 이유는 통제하지 않는/못하는 보호자와 날뛰는 아이의 존재에서 비롯하는 경우가 많다. 여기서 현실 속 아동의 배제는 '훈육' 문제로 자연스럽게 이어진다. 어른들이 미디어를 통해 이상화 한 아동의 모습은 결코 위협적이거나 예측 불가능하지 않다. 제멋대로인 현실의 아이는 훈육을 통해 이상적인 모습으로 변모한다.[2] 민폐를 끼치지 않는 정도를 넘어 제구실을 잘하게끔 이끌어 나가는 것도 보호자의 책임이다.

어른은 아이의 올바른 성장을 위해 얼마나 훈육·징계할 수 있을까? 성공한 경력직으로 만들기 위한 어른들의 왜곡된 노력은 종종 '사랑의 매'로 포장된다. 정지우 감독의 영화 〈4등〉(2015)은 국가인권위원회의 12번째 프로젝트로 만들어졌다. 체벌의 부당함이라는 메시지가 단순하고 명확한데 감독은 이를 매우 세련되게 풀어낸다.

재능을 가졌지만 늘 대회에서는 4등만 하는 초등부 수영 선수 준호(유재상)는 수영 그 자체를 즐기는 아이다. 그런데 엄마의 생각은 좀 다른 것 같다. 엄마는 "야, 4등! 나 너 때문에 죽겠다, 진짜. 너 뭐가 되려 그래? 어? 너 어떻게 살려 그래? 너 꾸리꾸리하게 살 거야, 인생을?"이라며 아이를 다그친다. 엄마는 급기야 감독의 폭행으로 국가대표를 그만둔 선수 출신의 코치

2　SBS 〈우리 아이가 달라졌어요〉(2006~2015), 채널A 〈요즘 육아 금쪽같은 내 새끼〉(2020~)는 이런 요구를 반영한 프로그램이다. 단지 미디어가 이상화한 기준에 맞게끔 교정하는 게 아니라, 사회의 구성원으로서 원만하게 안착할 수 있게끔 조언을 주는 프로그램이라는 긍정적인 평가를 받고 있다.

광수(박해준)를 고용한다. 그 코치가 아이들 성적은 확실히 올려 주는 대신 체벌을 가한다는 사실을 알면서도 말이다. 준호는 맞으며 훈련을 한다. 그리고 '금메달 같은 은메달'을 딴다. 준호의 2등 입상을 축하하는 삼겹살 파티에서 동생 기호는 묻는다. "정말 맞고 하니까 잘한 거야? 예전에는 안 맞아서 맨날 4등 했던 거야, 형?" 이젠 준호의 아빠마저 체벌 사실을 알게 된다. 아들이 맞는 것보다 4등을 하는 게 더 무섭다는 엄마. 그리고 여전히 체벌로서 모든 걸 해결하려는 광수. 하지만 준호는 무기력하고 수동적이기만 한 존재가 아니다. 준호는 체벌을 거부하고 혼자의 노력으로 우승을 거머쥔다. 영화 결말의 수중 촬영은 자유로운 준호의 건강한 성장을 아름답게 보여준다.

현실에서는 준호처럼 "맞고 싶지 않습니다"라고 거부 의사를 분명히 표현하지 못하는 아이들이 더 많을 것이다. 그래서 제도가 울타리 역할을 제대로 해야 한다. 공교육 영역에서는 2010년 경기도 교육감이 체벌금지를 명문화한 학생인권조례를 발표한 것을 시작으로 2011년 「초·중등교육법」 시행령 제31조 제8항[3]이 개정되었다. 학교에서는 적어도 공식적으로는 체

---

3 「초·중등교육법 시행령」 제31조(학생의 징계 등) ⑧학교의 장은 법 제18조제1항 본문

벌을 허용하지 않는다. 사교육에서는 어떨까? 「학원의 설립·운영 및 과외교습에 관한 법률」 제17조 제1항 제6호[4]는 「아동복지법」 제3조 제7호[5]의 아동학대 행위가 있을 때 행정청이 학원의 등록을 말소할 수 있다고 규정한다.

　　그래서 요즘 학원에서는 '체벌동의서'라는 걸 받는다고 한다. 효력이 있을까? 형법 제24조는 '피해자의 승낙'이라는 표제 하에 "처분할 수 있는 자의 승낙에 의하여 그 법익을 훼손한 행위는 법률에 특별한 규정이 없는 한 벌하지 아니한다"라고 정해 놓았다. 쉽게 말해 때려도 된다고 허락을 받고 때리면 죄가 없다는 얘기다. 준호 엄마가 허락하면 광수는 준호를 때려도 될까? 변호사로서 의견을 내자면 나는 부모로부터 받는 이 체벌동의서라는 것의 효력은 사실 있으나 마나라고 생각한다.

에 따라 지도를 할 때에는 학칙으로 정하는 바에 따라 훈육 · 훈계 등의 방법으로 하되, 도구, 신체 등을 이용하여 학생의 신체에 고통을 가하는 방법을 사용해서는 아니 된다.

4　「학원의 설립·운영 및 과외교습에 관한 법률」 제17조(행정처분) ①교육감은 학원이 다음 각 호의 어느 하나에 해당하면 그 등록을 말소하거나 1년 이내의 기간을 정하여 교습과정의 전부 또는 일부에 대한 교습의 정지를 명할 수 있다. 다만, 제1호에 해당하는 경우에는 그 등록을 말소하여야 한다. 6. 학습자에 대한 「아동복지법」 제3조제7호에 따른 아동학대 행위를 한 경우

5　「아동복지법」 제3조(정의) 이 법에서 사용하는 용어의 뜻은 다음과 같다. 7. "아동학대"란 보호자를 포함한 성인이 아동의 건강 또는 복지를 해치거나 정상적 발달을 저해할 수 있는 신체적 · 정신적 · 성적 폭력이나 가혹행위를 하는 것과 아동의 보호자가 아동을 유기하거나 방임하는 것을 말한다.

이제 부모도 자식을 때릴 수 없다. 하물며…

백세희 변호사는 왜 체벌동의서의 효력을 무시하는가? 직접적으로는 2021년 1월 26일에 이루어진 민법 개정 때문이다. 부모의 사랑의 매의 근거로 숱하게 원용된 바 있는 민법 제915조[6] 징계권 규정이 63년 만에 삭제됐다. 자녀에 대한 체벌의 근거로 해석할 수 있던 유일한 조항이었다. 이런 조항이 없어진 것도 모르고(심지어는 있었단 사실도 모른다) 가정 내 체벌은 아직도 자연스럽게 용인되고 있다. 친권자도 체벌을 해서는 안 된다. 그러니 친권자가 남에게 체벌을 허락할 수 있는 권리는 더더욱 없는 셈이다.

그렇다고 위 민법 개정 이전에는 체벌동의서가 효력이 있었단 얘기는 아니다. 맞는 당사자인 아이가 진정한 의사로 승낙한 바 없다면 부모의 허락만으로 형법 제24조를 적용할 수는 없다. 그러니 2015년에 개봉한 영화 속 준호와 2022년의 백세희 변호사의 아들을 비롯한 그 누구도 친권자의 승낙에 의해 맞고 다니는 일은 없어야 한다는 것이다.

---

6   민법 제915조(징계권) 친권자는 그 자를 보호 또는 교양하기 위하여 필요한 징계를 할 수 있고 법원의 허가를 얻어 감화 또는 교정기관에 위탁할 수 있다.

아동기는 인생의 정거장으로 여겨진다. 다시 돌아갈 수 없는 정거장이다. 누구나 결국에는 다 어른이 되어버리기 때문에 현재의 어린이는 진지한 대접에서 밀려나기 일쑤다. 현실에서 어린이는 '오늘'의 주인공이 아니라 '내일'의 주인공이며, 오늘의 어린이는 대한민국에서 조연일 뿐이다. 아무개 씨가 사랑하는 어린이는 TV 속에만 존재한다. 귀엽지도 않고 의젓하지도 않은 아이들이 오늘도 아무개 씨들에게 (눈빛으로) 혼쭐나고 있다.[7]

---

7   경향신문, [이진송의 아니 근데] 어른들이여, '어린이'는 건들지 말자'(2021. 4. 30.)는 우리 사회에 만연한 아동 혐오 현상을 비판한 칼럼이다. 칼럼의 소재 중 일부를 따와 본문을 작성했다. 드라마 <품위있는 그녀>, <동백꽃 필 무렵>은 이 칼럼에서 건져낸 소재다. 흥미로운 글이니 일독을 권한다.

일진이 점령한 청소년 세상

요즘 애들 정말 문제다. 우리 때는 이 정도까진 아니었
던 것 같은데…. 뉴스를 보던 아무개 씨가 내뱉은 말이
다. 현실이든 픽션이든 비슷하다. 요즘 애들이 본다는
웹툰을 보면 죄다 일진에 비행청소년투성이다. 그게 다
현실의 반영 아니겠나. 그래서 청소년의 실상을 밀도 있
게 묘사한 영화가 상도 받고 그런 거겠지. 하이퍼 리얼
리즘이라던데.

선정성과 현실성 사이의 외줄 타기

재미가 지배하는 세상이다 보니 뭐 하나 자극적인 소
재가 나오면 결코 놓치는 법이 없다. 그런 의미에서 이른바 '질
풍노도'의 10대들은 한참을 우려내도 계속 진국인 소재다. 미성
숙한 존재들이 저지르는 각종 비행은 (어쨌든 겉보기엔) 무사히
성인으로 살아남은 이들에게 좋은 구경거리다. 대중은 만화, 영
화, 뉴스 보도 등 매체를 가리지 않고 그들의 일탈을 소비한다.

중고등학교를 배경으로 하는 인기 웹툰의 상당 부분은 일진 묘사에 치우쳐 있다. 박태준 작가의 〈외모지상주의〉(2014~)는 이른바 '찐따'였던 주인공이 갑자기 멋지고 늘씬한 몸을 얻으며 이야기가 시작된다. 2014년 연재 초반에는 변화된 외모로 인해 주위의 인식과 평판이 바뀌는 모습에 초점을 맞추지만 2022년 현재는 고등학생들이 파벌을 만들어 싸움을 일삼는 내용으로 전개되고 있다. 전선욱 작가의 〈프리드로우〉(2013~)의 고등학생 주인공은 중학생 시절 일진이었던 자신의 과거와 멀어지려고 만화부 활동을 하며 새 친구를 사귀지만 일진 꼬리표를 완전히 뗄 수는 없다. 청소년의 꿈과 다양한 관계도 다루지만 기본적으로 갈등의 시작과 해결이 싸움에서 비롯한다는 설정은 변함이 없다. 박은혁 작가의 〈랜덤채팅의 그녀!〉(2017~)는 약하고 소심한 성격의 주인공이 친구들을 사귀며 성장해나가는 내용이다. 초반부에는 학원 로맨스물인 줄 알았는데 후반부로 갈수록 사건의 원인이 동년배의 폭력 조직과 얽혀 있고 이를 풀어내는 방식 역시 폭력에 의존한다.

네이버 웹툰에서 '드라마' 장르로 분류되는 위 작품들의 상황이 이러하니, '액션' 장르는 말할 나위도 없다. 혜성, 이석재 작가의 〈한림체육관〉(2020~)은 일진이었던 주인공이 싸움을 통해 포인트를 얻는 새로운 세계를 알게 된 후 챔피언이 되기 위해 싸우는 내용을 담는다. 진정한 강함을 깨닫는다는 설정이라고는 하지만 조직을 만들어 움직이는 청소년들이 등장해 사실상 조폭물과 다름없다. 채용택, 한가람 작가의 〈참교육〉(2020~)은 교육 현장의 문제점을 지적한다는 외양을 띄고 있지만 극 중 청소년들은 여전히 극단적인 가해자나 피해자로 묘사될 뿐이다. 박태준, 김정현 작가의 〈싸움독학〉(2019~)은 힘이 약한 주인공이 일진이나 악인을 이기기 위해 수련하는 여정을 그려간다. 잔인한 장면들이 제법 나오는데 등장인물을 군이 성인이 아닌 청소년들로 묘사해야만 하는 필연적인 원인을 찾기는 힘들다. 별다른 서사 없이 폭력이 난무하는 상황을 묘사하는 도구로 쉽게 소비할 수 있는 이들이 바로 청소년이라는 점을 제외하면 말이다.[8]

누가 봐도 허구인 웹툰에 비해 영화라는 매체는 훨씬 교묘하게 사람을 홀린다. 실제로 우리가 사는 도시를 배경으로 어디서나 봄 직한 얼굴들이 등장해 '현실고증'이라는 감투를 얻어 쓰기 때문이다. 대중은 현실을 반영했다는 둥 세태를 묘사했다는 둥 말하며 청소년에 대한 선정적인 묘사가 마치 이 사회

---

8   작가 허5파6의 웹툰 〈여중생A〉(2015~2017)는 이들 학원물과는 결이 다른 작품이다. 주인공 장미래는 중학교 3학년이다. 가정폭력과 따돌림으로 자존감이 바닥에 떨어진 이 아이가 서서히 회복해나가는 이야기다. 간결하고 담백한 그림체와 미세한 감정의 묘사가 서로 대비되어 극의 몰입도를 높인다. 단행본도 나와 있다. 재밌어서 정신 없이 읽었다. 이 만화를 원작으로 한 동명의 영화도 있다.

의 진실한 단면인 듯 추켜세우곤 한다. 완전히 틀린 평가는 아니다. 실제로 폭력에 온전히 노출된 청소년들은 분명히 존재한다. 가출 청소년에 대한 적나라한 묘사로 화제가 된 이환 감독의 〈박화영〉(2018)과 〈어른들은 몰라요〉(2021)를 살펴보자.

박화영(김가희)은 18살이다. 재혼한 엄마가 화영이 따로 나가 살도록 방을 얻어 주었다. 그 방은 곧 가출 청소년들의 집단거주지가 된다. 아이들은 욕으로 시작해 욕으로 끝나는 언어 소통을 하고 폭력적인 문제 해결의 루틴을 영위한다. 문란한 성생활도 빠질 수 없다. 하도 담배를 피워대서 화면 밖의 나까지 목이 컬컬한 기분이다. 화영은 이른바 '엄마'로 불리며 아이들에게 착취당한다. 착취당하면서도 그들에게 꼭 필요한 존재로 계속 남고 싶다. 그렇게라도 자신이 쓸모 있고 부끄럽지 않은 존재라는 사실을 계속 확인하려고 한다. 하지만 현실은 그렇지 못하다. 비열한 아이들은 화영을 대놓고 멸시하며 이용한다. 급기야 화영은 스스로 살인 누명까지 뒤집어쓴다. 복역을 마치고 출소한 화영은 친구라 생각했던 미정(강민아)을 재회하지만 미정은 겉으로는 과거를 싹 청산한 듯 보인다. 화영이 다시 '가출팸'을 구성한 모습으로 영화는 막을 내린다. 그런데 화영이 데리고 있는 그 아이들 표정이 묘하다. 화영은 결코 착취 먹이사슬의 바닥에서 벗어날 수 없다.

〈어른들은 몰라요〉는 〈박화영〉의 스핀오프(spin-off)
다. 〈박화영〉에서 미정의 라이벌이던 세진(이유미)이 주인공
이다. 세진은 학교 선생님과 애인처럼 지내다가 18살에 임신을
한다. 학교는 세진의 입을 막는 데에만 관심이 있다. 학교를 떠
난 세진은 동갑내기 가출 4년 차 주영(안희연)을 만난다. 여기에
남자 두 명까지 더해 가출팸이 완성되고 이들은 '낙태 대장정'을
떠난다. 바로 세진의 임신중절 수술비를 마련하기 위한 의기투
합이다. 전자 제품 대리점에서 도둑질도 하고 유흥주점에서 일
도 한다. 낙태 브로커를 찾았다가 성폭행당할 위험에 처한다.
병원 브로커에게 사기도 당한다. 의기투합했던 가출팸은 내부
의 폭력으로 와해된다. 세진은 결국 인권 단체의 도움을 받아
기독교인 부부의 집에 머물며 아이를 낳아 입양 보내려 하지만
어느 날 아침 하혈과 함께 태아는 유산되고 만다.

〈박화영〉은 제14회 대한민국대학영화제에서 연기상을,
제15회 제천국제음악영화제에서 신인음악감독상을, 제38회 한
국영화평론가협회상에서 신인여우상을 받았다. 〈어른들은 몰
라요〉는 제25회 부산국제영화제에서 한국영화감독조합상을
받았다. 언론도 대체로 '어른들은 외면하고 싶은 10대들의 불편
한 진실을 잘 묘사했다'는 평가다. 영화가 청소년들을 마냥 사
회의 무력한 희생양으로만 묘사하지 않아 성인들의 불편한 감

정을 소환해냈다는 것은 주목할 만하다. 하지만 잔인하고 선정적인 묘사가 많은 점을 곧 하이퍼 리얼리즘이라 평가할 수 있는지는 생각해 볼 일이다. 진짜 리얼리즘이 되려면 잔혹한 사건 이후, 즉 거리를 떠나 보호받게 된 세진의 생활도 더 큰 비중으로 다뤄야 하는 것 아닐까. 어쨌든 삶은 계속되니 말이다.

언론의 청소년 묘사는 그야말로 침소봉대

언론은 대중문화 콘텐츠가 만들어 놓은 비행청소년 이미지를 확대·재생산한다. 사실의 보도라는 측면에서 이들의 보도 행태는 고정된 10대 이미지에 쐐기를 박는 격이다. 언론사 아주경제의 2021년 9월 19자 기사에는 "중학생 범죄가 수사기관을 비웃듯 뻔뻔해지고 있다", "대낮에 아파트 놀이터에서 하의를 탈의하고 당당히 성행위를 하다 경찰에 붙잡히기도 했다"는 의도가 뻔하게 드러나는 서술이 등장한다. 비웃듯 뻔뻔? 당당히 성행위? 인터뷰라도 한 것일까. 기사 어디를 찾아봐도 당당하다는 표현의 근거는 없다. 당당하다니! 그 아이들이 정말 당당하게 보란 듯이 성관계를 맺었을까?

말이 나왔으니 이 사건을 한 번 살펴보자. 2021년 9월 서울 강북구의 한 아파트 놀이터에서 고등학생 A군과 중학생 B양이 성관계를 갖다가 주민의 신고로 경찰에 의해 제지당했다. 당시 경찰은 이들이 청소년들이라 입건을 할지 훈방 조치를 할지 검토하겠다고 밝혔다. 형사미성년자(만 14세)가 아닌 이들의 행위는 형법 제245조의 공연음란죄에 해당해 1년 이하의 징역 또는 500만 원 이하의 벌금에 처해질 수 있다. 하지만 상습적이지 않은 공연음란이 실형에 처해지는 경우는 극히 드물다. 비교적 가벼운 범죄다.

그런데 이 사건을 다루는 언론의 태도는 어땠을까. 포털에서 쉽게 검색되는 기사를 낸 언론사만 30개가 훌쩍 넘는다. 일부 언론사는 1차 기사 발행 이후 'pick'이라는 카테고리 아래 또 한 번 기사를 게재했다. 제목만 자극적이고 내용은 똑같은 뉴스들이 너무 많이 쏟아졌다. 다른 청소년 사건들도 별반 다르지 않다. 놀이터 성관계 사건은 청소년의 비행과 범죄를 다루는 언론의 전형적인 태도를 보여준다.

언론의 이런 행태에 대한 자성의 목소리도 있다. 서울신문은 2020년 11월 '소년범 - 죄의 기록'이라는 여러 편의 기획기사를 통해 소년범죄를 둘러싼 다양한 목소리를 듣고 해법을 살폈다. 이 중 '언론도 SNS도 '요즘 애들' 탓만… 통계 속 소년범은 늘지 않았다'(2020. 11. 1.), '소년범에게 씌운 '악마화 프레임'… 언론도 공범이다'(2020. 11. 10.) 등은 실제로 소년 사범은 매년 감소 추세이며 전체 범죄자 가운데 3.8% 정도에 불과하다는 통계 결과를 밝힌다. 나아가 서울대 언론정보학과 이은주 교수 연구팀의 도움으로 진행한 실험에서 '소년범죄 기사의 영향을 받은 피실험자들은 보도된 사건이 경범죄이든 강력범죄든 상관없이 소년범죄 발생 건수를 실제보다 3배가량 과도하게 예측한다'는 결과를 얻었다. 이런 경향을 언론학에서는 '배양이론 효과'라 한다. 기사는 이를 미디어를 통해 범죄 드라마나 영화를 많이 접할수록 실제 일상에서도 범죄가 만연한다고 생각하는 것과 비슷한 현상이라 설명한다.

청소년 범죄가 실제보다 잔혹하고 자주 발생한다고 믿는 이들은 곧 「소년법」[9] 폐지', '형사미성년자연령 하향'에 열을 올리게 된다. 많은 이가 「소년법」을 온정주의적 시각에서 청소년 범죄를 약하게 처벌하는 법률이라고 생각한다. 하지만 언론이 부추기는 뜨거운 엄벌주의 청원과는 달리 전문가들의 의견은 냉정하다. 「소년법」이 없다면 10세 이상부터 14세 미만의 소년은 형법을 어긴 자신의 행위에 대해 어떠한 책임을 지지 않아도 된다. 「소년법」으로 인해 형사미성년자 중 10세 이상의 소년에 대한 처벌이 가능한 것이다. 형사미성년자의 연령 기준을 낮

9 「소년법」은 우범·촉법·범죄소년에 대한 수강명령, 사회봉사명령, 1년 또는 2년의 보호관찰, 6개월의 아동보호치료시설 위탁, 1개월에서 6개월 이내 또는 2년 이내의 소년원 송치 등의 처분의 근거법이다. 촉법소년이란 형벌 법령에 저촉되는 행위를 한 10세 이상 14세 미만인 소년을, 범죄소년은 죄를 범한 14세 이상 19세 미만의 소년을, 우범소년은 범죄를 저지른 것은 아니지만 몰려다니며 소란을 피우거나 음주를 하는 등으로 불안감을 조성하는 10세 이상 19세 미만의 소년을 말한다.

추자는 의견에 대한 전문가의 반응도 비슷하다. 국가인권위원회는 2018년 12월 촉법소년의 수는 줄어들고 있고 14세 미만의 소년범죄가 늘고 있다고 보기 어렵다는 점을 근거로 '엄벌에 처하는 것이 소년범죄 예방에 효과가 있다고는 확신할 수 없다'는 취지의 의견을 냈다. UN 아동권리위원회도 "국제적으로 가장 일반적인 형사책임 최저연령은 14세"임을 천명한 바 있다.[10]

대중문화 콘텐츠와 언론이 청소년의 비행을 흥밋거리로 소비하는 건 대한민국의 주류 집단인 성인들에 의한 전형적인 낙인찍기다. 선량한 비주류만 보호받아야 하는 건 아니다. 불량한 비주류에게 씌워진 프레임은 이들이 선량한 쪽으로 회심할 기회를 원천 차단한다. 아무개 씨가 믿는 영화 속 '현실고증'이라는 것, 그걸 곧이곧대로 믿을 수 있는지는 다시 한번 생각해 봐야겠다. 묘사 자체는 사실이라 해도 그게 내 머릿속에서 어떤 프레임을 만들지는 모르니 말이다.

---

10   지방법원 소년부 판사와 소년범들의 이야기를 다룬 넷플릭스 드라마 <소년심판>(2022)이 큰 인기를 끌면서, 촉법소년과 형사미성년자의 연령 기준을 더 낮추어야 한다는 목소리가 더 커지고 있다. 국민의힘 허은아 의원은 2022년 4월 8일 국회에서 소년범에 대한 처벌을 확대하고 강화하는 내용의 「소년법」 개정안을 대표 발의할 예정이라 밝혔다.

노인: 우스꽝스럽거나 꼰대거나 귀엽거나

아무개 씨는 핵심 생산 연령층이다. 한국 경제를 주도
해나간다고 할 수 있다. 언젠가는 물러난다는 사실? 딱
히 그런 생각을 하면서 살지는 않는다. 물론 가끔 '노후
대책'이라는 네 글자로 미래를 생각하기는 한다. 성실하
게만 살면 고물상을 전전하지는 않겠지. TV 속 〈꽃보다
할배〉들처럼 우아한 노년을 보내야지.

노인혐오의 '순한 맛'과 '매운 맛'

몇 년 전 지상파 코미디 프로그램의 한 장면이다.[11]
아직도 포털사이트나 동영상 플랫폼을 통해 어렵지 않게 찾아
볼 수 있다.

아이: 제 친구 사진 인터넷에 올렸더니 '좋아요' 100개 받았
어요.

---

11 2018년 1월 28일 방송 KBS 〈개그콘서트〉 중 '욜로(老)민박' 코너 중

노인: 아, 그래? 나는 내 친구 사진, 상에 올렸더니 국화 100개 받았어. (방청객 웃음)

아이: 저도 예쁘게 사진 찍을 거예요. (찰칵) #셀피 #이쁜이 #오늘

노인: 응? 이게 뭐 하는 거야?

아이: 할아버지도 예쁘게 찍어드릴게요. (찰칵) #검버섯 #오늘내일 #육개장 #편육 (방청객 웃음)

노인: 편육? #편육? 이놈의 몽둥이 어딨어? 몽둥이 어딨어?!

아이: 거봐~ 눈 나빠서 못 찾는다니까~ (방청객 웃음)

만 8세 여자아이가 맑은 목소리로 연기한다. 해당 회차 외에도 수차례에 걸쳐 어린이 연기자가 노인의 죽음과 신체 기능을 희화화한다. 이를 불편하게 여긴 시청자들의 민원이 쌓이고 쌓여 결국 프로그램은 2018년 5월 「방송법」 제100조 제1항에 근거해 방송통신심의위원회로부터 「방송심의에 관한 규정」 제29조(사회통합) 및 제45조(출연) 제1항[12]의 준수를 권고받았

---

12 「방송법」 제100조(제재조치등) ①방송통신위원회는 방송사업자·중계유선방송사업자·전광판방송사업자 또는 외주제작사가 제33조의 심의규정 및 제74조 제2항에 의한 협찬고지 규칙을 위반한 경우에는 5천만 원 이하의 과징금을 부과하거나 위반의 사유, 정도 및 횟수 등을 고려하여 다음 각호의 제재조치를 명할 수 있다. 제35조에 따른 시청자불만처리의 결과에 따라 제재를 할 필요가 있다고 인정되는 경우에도 또한 같다. 다만, 방송통신심의위원회는 심의규정 등의 위반정도가 경미하여 제재조치를 명

다.[13] 행정지도 때문일까. 프로그램은 같은 달 하순에 폐지된다.

노화(老化)가 놀림의 대상이 된 지 오래다. 쇠락한 육체만이 아니다. 노인은 가난마저 조롱거리가 된다. 젊은이의 가난은 때론 낭만으로 묘사되곤 하지만 노인의 가난은 인과응보라면 모를까 결코 낭만으로 묘사되지 않는다.

기운 없고 빈곤한 노인은 손쉬운 먹잇감이다. 2021년 8월의 한 사건은 노인혐오가 이미 심각한 수위에 이르렀다는 사실을 새삼 깨닫게 했다. 10대 청소년들이 재활용품을 수집[14]하는 듯한 60대 할머니에게 담배 심부름을 요구한 것이다. 노인이 이에 응하지 않자 노인 앞에 쭈그려 앉은 청소년은 근처 위안부 소녀상 앞에 놓여 있던 국화꽃으로 할머니의 머리를 때린다. 일행 중 한 명은 영상을 찍으며 키득거린다. 노인은 제대로

할 정도에 이르지 아니한 경우에는 해당 사업자·해당 방송프로그램 또는 해당 방송광고의 책임자나 관계자에 대하여 권고를 하거나 의견을 제시할 수 있다.
「방송심의에 관한 규정」 제29조(사회통합) 방송은 지역간, 세대간, 계층간, 인종간, 종교간 차별·편견·갈등을 조장하여서는 아니 된다.
제45조(어린이·청소년 출연자 인권 보호) ①방송은 어린이와 청소년을 그 품성과 정서를 해치는 배역에 출연시켜서는 아니 되며, 내용전개상 불가피한 경우에도 그 표현에 신중을 기하여야 한다.

13   방송통신심의위원회 홈페이지. 정보마당 → 방송심의의결현황 → 2018년 5월 지상파방송 심의의결 현황 중(2018. 5. 3. 202018-방송-24-0239호, 연예오락)

14   여담이지만 재활용품 수집 노인(폐지줍는 노인)의 삶을 들여다본 책도 있다. 소준철 저 『가난의 문법』(2020, 푸른숲). 대한민국 사회의 비주류 중에서도 비주류인 '폐지줍는 할머니'를 돌아본 이 책은 기획만으로도 충분히 가치가 있다.

저항도 하지 못하고 체념한 듯 맞고 있다. 영화 각본이라고 해도 이렇게까지 극적일 수 없을 것 같다. 10대, 담배, 할머니, 소녀상, 국화꽃, 동영상. 일부러 만들기도 힘든 설정이다. 맵다 매워. 이런 잔혹한 현실에 비하면 위 코미디 프로그램은 차라리 '순한 맛'이라 하겠다.

　　현실 속 사건들이 워낙 충격적이다 보니 대중문화 콘텐츠가 대역죄를 저지르고 있는 것처럼 느껴지지는 않는다. 과연 그럴까. 혐오의 원리를 생각해보면 대중매체가 100% 결백하다고 말할 수는 없다. 주류의 기준에 부합하는 모습은 이상화하고 그렇지 않은 것은 깔아뭉개는 양면성이 바로 전형적인 혐오의 양상 아니던가. 대중문화 콘텐츠 속에서 혐오적으로 묘사되는 노인의 모습을 떠올리는 건 쉽다. 소리를 고래고래 지르는 가부장적인 회장님, 질투하고 갑질하는 시어머니 등 노인은 주인공의 사랑과 커리어의 성취를 방해하는 도구로 이용되곤 한다. 그나마도 주변적이다. 진짜 악인은 주인공 연배의 비교적 젊은 사람이니 말이다.

젊은이들이 좋아하는 노인: 귀엽거나 지혜롭거나

　　그렇다면 주류의 기준에 부합하는 대중매체 속 노인은 어떤

모습일까. 노인을 주인공으로 삼은 흔치 않은 드라마로서 시청자
와 언론으로부터 호평을 받은 JTBC 드라마 〈눈이 부시게〉(2019)
를 통해 살펴보자. 이 드라마로 주연 배우 김혜자는 제55회 백상
예술대상 TV 부문 대상을 받았다.

　　스물다섯 살 김혜자(한지민)는 시간 이동을 할 수 있다. 마
법의 시계 덕분이다. 그런데 이 시계는 자주 쓰면 너무 빨리 늙
어버린다. 드라마에서는 이를 '등가교환의 법칙'이라고 표현한
다. 과거로 자꾸 돌려서 이미 벌어진 일을 수습하면 그만큼 빨
리 늙어버리는 대가를 치른다. 혜자는 아빠(안내상)의 사망사고
를 되돌리기 위해 시계를 과거로 수십 번 돌린다. 무사히 아빠
는 구했지만 혜자(김혜자) 자신은 폭삭 늙어버리고 설상가상 마
법의 시계도 잃어버린다. 스물다섯 아가씨가 70대 노인의 몸에
갇힌 것이다. 좋아했던 남자가 꿈을 이루지 못하고 노인을 상대
로 물건과 보험을 파는 '효자 홍보관'에서 일하는 것을 안타깝게
바라만 본다. 홍보관에서 알게 된 노인 저마다의 사정을 알게
되면서 늙는다는 것이 어떤 것인지도 진정으로 이해한다. 그러
는 와중에 홍보관에서 일어나는 모종의 범죄 행위를 포착하기
도 한다. 하지만 이 모든 것은 혜자의 환상일 뿐이다. 혜자는 시
간 이동을 하느라 갑자기 늙어버린 20대 여자가 아니다. 그냥
온전히 차곡차곡 나이를 먹다가 치매에 걸려 현실과 환상을 구

분하기 어렵게 된 70대 할머니일 뿐이었다.

이 드라마는 엔딩 내레이션이 압권이다. "내 삶은 때론 불행했고, 때론 행복했습니다. 삶이 한낱 꿈에 불과하다지만 그럼에도 살아서 좋았습니다. 새벽에 쨍한 차가운 공기, 꽃이 피기 전 부는 달큰한 바람, 해 질 무렵 우러나는 노을의 냄새…. 어느 하루 눈부시지 않은 날이 없었습니다. (…) 후회만 가득한 과거와 불안하기만 한 미래 때문에 지금을 망치지 마세요. 오늘을 살아가세요, 눈이 부시게! 당신은 그럴 자격이 있습니다. 누군가의 엄마였고, 누이였고, 딸이었고, 그리고 '나'였을 그대들에게…." 이런 감동적인 멘트뿐만 아니다. 드라마는 곳곳에서 노인이 처한 현실적인 문제를 보여준다. 가령 남성 노인이 주로 맡는 경비원 일이 얼마나 고된 일인지[15], 젊은이들이 무심코 내뱉는 말들이 노인에게 어떻게 상처가 되는지, 나아가 젊은이들의 아픔과 고충까지도 함께 들여다본다. 세대를 아우르는 호평을 받기에 충분하다.

그런데 어쩐지 썩 개운하지만은 않다. 이 드라마의 주인공 김혜자가 '슬프지만 아름다운' 노인으로만 그려지고 있기 때

---

15 노인 경비원의 현실적인 이야기는 조정진 저 『임계장 이야기』(2020, 후마니타스)에 생생히 담겨있다. 공기업에서 오랜 기간 근속하며 무난한 인생을 살아온 남성이 은퇴 이후 어떤 환경에 처하게 되었는지 알 수 있다. 독자들에게 일독을 권한다.

문이다. 드라마 속에서 대여섯 번은 "그래, 이 맛이야!"라는 인생 최고의 광고 카피라이트를 외치는 배우 김혜자는 그 자체로 귀엽고 사랑스럽다. 그리고 그가 앓는 치매도 흔히 말하는 '예쁜 치매'로 묘사된다. 단지 과거의 기억만을 잃어버렸을 뿐 혜자는 여전히 다정하고 친절하다. 치매의 현실을 왜곡하는 묘사다.[16]

젊은 층이 귀엽게 느끼는 노인은 2013년부터 2018년까지 4개의 시즌으로 이어진 tvN 예능 〈꽃보다 할배〉를 통해 본격적으로 만들어졌다. 네 명의 할아버지와 청·장년층 젊은 남성이 함께 외국으로 떠나는 구조다. 여행 과정에서 겪는 여러 에피소드를 통해 진취적이거나, 경솔하거나, 두려워하거나, 극복하거나, 엉뚱하거나, 로맨틱하거나, 유머러스한 다양한 노인의 모습을 보여준다. 비교적 윤택한 생활을 하는 할아버지들도 젊은 우리와 같은 희망과 기대와 두려움을 품고 있다는 것, 이에 더해 연륜에 의한 지혜로운 가르침도 준다는 것. 젊은 성인이 긍정적으로 평가하는 노인의 모습이다.

미디어가 만들어 낸 가장 최신의 '나쁜 노인'은 아마도 폭

---

16   드라마 속 치매 환자 묘사가 비현실적이란 지적은 전부터 있었다. 2019년 방송문화진흥회가 주최한 시민 비평문 공모전에서 최우수상을 받은 김완신 씨의 「저기요, 그렇게 아름답지 않아요」는 드라마 〈눈이 부시게〉와 〈바람이 분다〉를 비교하며 치매를 다루는 드라마의 인식 부재를 지적한다. 같은 제목의 단행본이 있다.

력을 불사하고 코로나19 팬데믹 초기에 방역 수칙까지 위반하며 유상 또는 무상으로 집회에서 시위하는 노인일 것이란 생각이 든다. 귀엽지도 가련하지도 않다. 반면교사라면 몰라도 지혜로운 노인도 아니다. 진짜 나쁜가? 지나간 시간의 공로를 깡그리 무시당하고 '꼰대'라느니 '틀딱'이라느니 하는 모멸적인 별칭으로 불리면서도 분노하지 않을 보살님이 얼마나 될지 모르겠다. 노인에 대한 이런 혐오 표현은 그들의 잘못에 대한 질책의 의미라는 주장도 있을 수 있다. 그렇지만 존중이 전제로 깔리지 않은 질책을 원래의 의도대로 순수하게 받아들일 수 있을지는 의문이다. 귀엽지 않은 노년이 존재한다는 사실도 귀엽고 무해한 노인만큼이나 미디어 속에서 존중받아야 한다.

3장

아무개 씨는 대대로 한국 사람입니다

대한민국 주류 아무개 씨는 대대로 한국 사람이다. 부모님도 양가 조부모님도 모두 한반도에서 나고 자라셨다. 그래서일까. 아무개 씨의 말씨와 생김새는 전혀 튀지 않는다. 이 사실을 의식적으로 생각해 본 적은 없다. 얼마 전 영등포 거리를 걷다가 문득 재밌게 본 영화 한 편이 생각났다. 주인공이 잔인한 조선족 범죄자들을 소탕하는 내용이었다. 갑자기 뒷목이 서늘하다. 앞에 저 무리가 혹시 조선족? 아, 피부색이 어두운 걸 보니 동남아에서 온 공장 노동자들인가 보다. 이 시간에 왜 길에 있지? 불법체류자는 아닐까? 그나저나 북한말 분명 들었는데…. 아무래도 중얼대며 방금 나를 지나친 저 아줌마가 조선족인 것 같다. 장바구니를 든 걸 보니 가정부다. 갑자기 궁금하다. 조선족 여자도 동남아 여자처럼 우리나라로 많이 시집왔나?

조선족: 단군의 2등 자손

아무개 씨는 초등학교 3학년 때 이런 노래를 배웠다. "아랫집 윗집 사이에 울타리는 있지만/ 기쁜 일 슬픈 일 모두 내 일처럼 여기고/ 서로서로 도와가며 한집처럼 지내자/ 우리는 한겨레다. 단군의 자손이다."[1] 지금까지 기억하는 이 노래를 흥얼거리면서도 같은 단군의 자손 사이에도 레벨이 있다고는 미처 생각해보지 않았다.

맥락 없이 등장하는 조선족 범죄자

멸시에도 등급이 있다. 너는 성격이 더러운 데 게으르기까지 하다고 멸시한다면 듣는 사람은 황당하겠지만 그래도 여기엔 최소한의 존중이 있다. 어쨌든 '너'라는 개인의 특성을 나름대로 분석해 알려 준 것 아닌가. 이 정도면 둘 사이의 문제에서 끝날 수도 있다. 진짜 분통 터지는 멸시는 개개인의 존재를 지워버리는 이른바 '집합명사'에 대한 주류 집단의 야박한 평

---

1   작사 어효선, 작곡 정세문, <서로서로 도와가며>, 초등학교 3학년 음악과 생활 수록

가다. 비주류 집단에 대한 멸시는 사회적 낙인으로 이어진다. 계약, 취업 등 실생활에서의 불이익으로 연결될 수 있어 더욱 위험하다. 이런 낙인은 미디어에 의해 주입되었거나 주류 세력의 극히 제한된 경험에서 비롯한 편견일 때가 많다. 그냥 주워듣다 보니 평가 과정이 매우 게으르다. 불성실한 평가인 주제에 파급 속도는 엄청 빠르다. 대중문화 콘텐츠가 그 이미지를 열심히 실어 나르기 때문이다.

이 억울함의 중심에 조선족이 있다. 조선족은 중국 55개 소수민족 중 하나로 동북삼성(길림, 요령, 흑룡강)과 내몽골 지역에 사는 한민족 동포다. 이들 대부분은 19~20세기 만주 지역으로 이주한 조선 농민의 후예다. 살길이 막막해 스스로 떠난 이도 있고 일제에 의해 강제로 옮겨진 이도 있다. 우리가 사랑하는 시인 윤동주(1917~1945)도 만주 북간도의 명동촌에서 태어났으니 오늘날의 기준으로는 그도 조선족이다.[2]

이런저런 사정으로 한반도를 떠난 일군의 무리가 대한민국의 경제와 정책 변화에 따라 100여 년 만에 다시 우리 사회로 돌아왔다. 한국 사람들은 이들을 조선족이라고도 중국 동포라고도 부른다. 이들 중 중국 국적을 유지하는 이도 있고 아예 우

---

2 한주, 『조선족 재발견: 자랑스러운 또 다른 한민족의 역사』(2017, 유아이북스) 참조

리나라로 귀화해 민족적인 면에서나 법률적인 면에서나 주류의 한민족과 다를 바 없어진 사람들도 있다. 조선족이라 통칭하긴 해도 이들은 입국 목적에 따라 비자도 서로 다르고 종사하는 업무도 가지각색인 집단이다.

하지만 미디어는 비주류의 다양한 사정에는 관심이 없다. 조선족이 조선 왕조와 어떤 관계인지 그들이 중국 사람인지 한국 사람인지 정확하게 알지 못하는 이들도 '보이스피싱', '조직폭력', '가사도우미', '식당 이모'란 단어에서 자연스럽게 조선족을 떠올린다. 대중문화 콘텐츠 속에서 이런 이미지가 아무런 맥락 없이 반복되며 편견은 더욱 단단해진다. 여기서 중요한 건 맥락이 없다는 점이다. 그런 관점에서 조선족 사이의 무시무시한 살인이 난무하는 영화 〈범죄도시〉(2017)[3] 이상으로 비판받았던 코믹 액션물이 있다. 바로 김주환 감독의 영화 〈청년경찰〉(2017)이다. 한 번 살펴보자.

서로 다른 성격의 경찰대생 친구 기준(박서준)과 희열(강하늘)은 외출을 나왔다가 우연히 납치 사건을 목격한다. 경찰에 신고했지만 아무래도 직접 나서는 게 빠를 것 같아 추격을 시

---

3 〈범죄도시〉 역시 조선족 혐오 논란을 피해 갈 수는 없었다. 하지만 2004년 실제로 벌어졌던 사건을 모티브로 했고, 조선족이 오직 악인으로만 묘사된 것이 아니었으며, 조선족 사회의 구성원이 힘을 모아 형사와 함께 악인을 잡았다는 설정으로 더 큰 논란으로 번지는 것을 피할 수 있었다.

작한다. 박서준과 강하늘이 우왕좌왕하는 모습이 엄청 귀여운데 아무튼 해결은 쉽지 않다. 이들은 단서를 따라 서울 영등포구 대림동에 들어선다. 무시무시한 조선족 범죄자들의 소굴이다. 택시 기사는 "이 동네 조선족들만 사는데 밤에 칼부림도 많이 나요. 여권 없는 범죄자들도 많아서 경찰도 잘 안 들어와요. 웬만해선 길거리 다니지 마세요"라며 다정한 걱정도 해준다. 기준과 희열은 인신매매와 난자 적출을 일삼는 조선족 범죄자 일당과 맞닥뜨린다. 온라인 콘텐츠 플랫폼인 넷플릭스는 친절하게도 "[조선족들의 야유]", "[조선족들의 놀라는 탄성]" 등의 자막을 제공해 주인공들과 범죄자들의 대립을 설명해준다. 범죄자들에게 얻어터지고 일단 후퇴한 기준과 희열이 격투기 등을 연습하며 와신상담, 결국 한국 경찰은 이들의 공으로 산부인과에서 악당들을 모두 검거한다. 규정을 어기고 밖으로 돌아다니며 사건에 연루된 기준과 희열은 지도교수와 학장의 선처로 퇴학을 면하고 1년 유급과 봉사 500시간이라는 비교적 가벼운 징계를 받아 영화는 해피엔딩으로 끝난다.

이 단순하고 유쾌한 영화는 개봉 직후 큰 시련을 맞는다. 중국 동포 60여 명이 영화제작사를 상대로 '영화 속 중국 동포에 대한 부정적인 묘사로 인격권 등에 침해를 입었다'며 상영중지가처분신청과 함께 정신적 손해에 대한 손해배상청구소송을 제기한 것이다. 상영중지가처분신청은 기각되었다. 손해배상 청구도 1심에서는 기각되었다. 1심에서의 패소로 인해 조선족들의 문제제기는 오히려 조롱거리가 됐고 반짝했던 혐오 담론도 어느새 시들해지는 것 같았다.

하지만 소 제기로부터 약 3년 만인 2020년 3월 항소심(2심)에서 재판부가 1심과는 다른 내용의 화해권고결정[4]을 내리며 사건은 다시 주목을 받는다. "이 영화로 인해 불편함과 소외감 등을 느낀 원고들에게 사과의 의사를 전할 필요는 있는 것으로 보인다. 제작사에 원고들에 대한 공식 사과와 앞으로 재발 방지를 약속할 것을 권고한다"는 내용이었다. 이에 따라 제작사가 공식적인 사과문을 게재함으로써 분쟁은 마무리된다. 이 화해권고결정은 비록 인격권 침해를 명시적으로 인정한 것은 아니지만 영화 속 혐오 표현에 대해 법원이 처음 공식적으로 개입했다는 점에서 큰 의미가 있다.

<청년경찰>과 법원의 화해권고결정에 대한 논쟁은 여전히 진행 중이다. 온라인 플랫폼을 통해 언제든 다시 영화를 볼 수 있기 때문이다. 뒤늦게 영화를 재밌게 본 이들이 저마다 생각을 밝힌다. 표현의 자유에 대한 심각한 위축이 우려된다는

---

4 원고와 피고 사이에 합의가 이루어지지 않을 경우 재판부가 적절하다고 생각되는 결론을 임의로 내려 받아들일지 말지 양 당사자에게 맡기는 제도다. 판결보다 융통성 있다. 맘에 들지 않으면 불복할 수 있다. 그럼 다시 판결 선고를 위한 재판 절차가 계속된다.

의견과 소수자에 대한 혐오와 차별을 멈추기 위해 꼭 필요한 결정이었다는 의견은 아직도 대립 중이다. 여기에 실제 조선족과의 접촉 경험을 증언하는 여러 글은 '사실은 사실이다'는 입장과 '부풀려진 것이며 일반화하지 말아야 한다'라는 입장의 대립으로 여전히 부글부글 끓는 중이다.

〈청년경찰〉에서 범죄 발생지를 역삼동 유흥가로 바꾸고 인신매매와 신체 조직을 적출하는 악인을 강남 일대를 거점으로 하는 다국적 조폭들로 대체하면 어떨까? 자잘한 재미는 달라지겠지만 그래도 큰 틀에서는 동일성을 유지할 수 있을 것 같다. 대림동과 조선족 범죄자 설정이 꼭 필요한 건가 싶어 해본 말이다.

이렇게 별다른 개연성 없이 조선족에 대한 편견에 기대 캐릭터를 게으르게 구현하는 방식은 위 화해권고결정 이후에도 계속 이어지고 있다. SBS 드라마 〈모범택시〉(2021)는 보이스피싱 에피소드에서 특별한 서사 없이 조선족 여성을 조직의 두목으로 설정했다. 그리고 tvN 드라마 〈슬기로운 의사생활〉(시즌2, 2021)도 아무 맥락 없이 이익준(조정석) 집의 가사도우미 '이모님'이 연변 말투를 쓰게끔 설정했다.

조선족 여성 이미지는 언제까지 '이모님'?

신중하지 못한 대중문화 콘텐츠에서 조선족 남성은 범죄자로, 조선족 여성은 각종 '이모님'으로 묘사되곤 한다. 식당 이모, 가사도우미 이모, 간병인 이모 등 주로 돌봄 영역에서 아무런 서사를 갖지 못한 채 뜬금없이 무력하거나 교활한 엑스트라로 재현된다. 다만 이런 천편일률적인 이미지를 이용하면서도 묘하게 균열을 일으키는 작품이 간혹 등장한다. 이언희 감독의 영화 〈미씽: 사라진 여자〉(2016)가 그렇다. 이 영화는 조선족 여성이 주인공으로 등장한 첫 영화다.

방송 일을 하며 바쁜 워킹맘 지선(엄지원)은 남편과 이혼소송을 진행하며 홀로 젖먹이 다은을 키우고 있다. 입주형 가사도우미인 젊은 조선족 여인 한매(공효진)가 없다면 일상을 유지할 수 없을 정도로 가사와 육아의 많은 부분을 한매에게 의존하고 있다. 그런데 어느 날 한매가 아이와 함께 사라진다. 한매를 추적하는 과정에서 지선은 한매가 가부장적 한국 농촌에 시집온 결혼이주여성이며 딸 재인의 치료에 비협조적이고 폭력적인 남편을 피해 탈출했다는 사실을 알게 된다. 한매는 성매매와 장기매매까지 하며 아이의 치료비를 모으지만 제때 지급하지 못해 아이는 결국 병상에서 쫓겨나고 죽음을 맞이한다. 복수를 결심한 한매는 남편을 청부 살해하고 지선의 아이에게 의도적으로 접근해 보모가 된다. 지선은 자신의 아이 다은의 병상을 확보하느라 한매의 아이 재인이 병상에서 쫓겨났다는 사실과 이 때문에 한매가 의도적으로 자신에게 접근했다는 것을 깨닫고 오열한다. 추적 끝에 지선은 중국으로 가는 배 위에서 다은을 안고 있는 한매를 발견한다. 한매는 다은을 넘겨주고 바다로 몸을 던진다.

〈미씽: 사라진 여자〉은 여전히 조선족을 폭력과 불법을 저지르는 존재로 바라보는 기본적인 시각을 떨쳐내지 못했다고 평가받는다. 조선족 보모가 아이를 납치한다는 도시 괴담(Urban Myth)을 이용해 조선족 돌봄노동 종사자에 대한 부정적인 이미지를 고착했다는 이야기다. 단지 모성 이데올로기를 이용함으로써 남성 중심의 다른 조선족 폭력 영화보다 '덜' 불편할 뿐이라는 분석도 있다. 그럼에도 불구하고 조선족 여성의 범죄 행위에 어떤 맥락과 개연성을 부여하려는 시도는 조선족이 등장하는 기존 영화 문법의 작은 균열이다. 한매라는 캐릭터는 조선족 남성의 범죄자 이미지와 조선족 여성의 궁핍하고 불운한 이미지의 집대성과도 같지만, 그래도 주인공으로서 어떤 사연이라도 들려주려는 시도가 있지 않냐는 의견이다.

단군의 자손에도 등급을 매긴다면 대한민국 영토의 선(先)주민인 아무개 씨는 1등 자손이고 조선족 이주민은 2등 자손일 것이다. 적어도 대중문화 콘텐츠 속에서는 그렇다. 주류는 이미 2등 자손인 조선족을 비열한 범죄자나 돌봄 영역에 머물 수밖에 없는 노동력 이미지로 박제해 놓았다. 별다른 생각 없이 드라마나 영화를 계속 보다간 언제까지고 조선족 개개인의 진짜 얼굴을 볼 기회는 영영 없을 거다.

자, 다음 글에서는 대중문화 콘텐츠 속 조선족 못지않은 2등 시민, 결혼이주여성에 대해 살펴보자. 주류 인간 아무개 씨가 또 어떤 무(無)사유를 보여줄지 기대된다.

인구 절벽의 해결사 결혼이주여성

아무개 씨는 최근 놀라운 소식을 들었다. 사촌 동생 아무나 씨가 베트남 여자와 결혼을 한다는 것이다. 왜? 아무나 씨는 멀쩡하게 대학을 졸업해 수도권에 번듯한 직장을 갖고 있고 나이도 많지 않다. 얼른 생각을 고쳐먹었지만 아쉬울 것 없는 한국 남자가 왜 동남아 출신 여자와 결혼을 하는지 잠시나마 의아했던 건 사실이다.

농촌 노총각 문제의 구원투수로 불려온 이방인들

1984년 6월 18일 자 중앙일보에는 이런 기사가 실렸다.

"(…) 금년 28세, (…) 공부라곤 봉현남국교를 졸업했을 뿐 외지 한 번 나가보지 못한 채 지금껏 고향의 땅을 갈아온 순수한 시골 청년이다. 지난 4일 상오 9시, ○○청년은 '장가조차 못 가는 인생인데 무슨 맛으로 살아가겠느냐'는 말을 남긴 채 농약을 먹고 스스로 목숨을 끊은 것이다. (…) 처녀들을 도시로 불러내는 손짓에는 힘든 농사일과 경제적인 문

제 이외에도 도시의 이상사치현상도 한몫하고 있다. 대구 시
내 모살롱 호스티스 정○○ 양(23·가명)은 경북 고령군에서
농사를 짓는 집안의 2남 3녀 중 둘째 딸. 고교를 졸업하고 1년
쯤 집에서 어머니를 돕다 취직을 핑계로 뛰쳐나와 술집을 전
전하고 있다. (…) 정양과 같은 케이스는 부지기수. 이들 무
작정 도시진출 처녀들은 농촌뿐만 아니라 우리 사회 전체에
큰 문제점이 되고 있다."

이 기사는 후반부에서 서울의 룸살롱을 전전하던 시골 아
가씨가 도시 남자와의 결혼을 앞두고 자신의 떳떳하지 못한 과
거가 양심에 걸려 목을 매 자살했다는 소식도 전하고 "처녀들의
한결같은 도시지향 때문에" 문제는 점점 심각해진다며 "전도된
가치관을 바로잡는데 적극 투자"해 이 난관을 극복하자고 마무
리 짓는다.

지금 읽어보면 황당하기 짝이 없는 원인 분석이지만 실제로
농촌에서 신붓감을 구하기 힘들었던 것만은 사실이다. 1988년 경
제기획원 조사에 따르면 당시 20~34세 미혼 남녀의 비율이 읍
지역은 100대 49.6이고, 면 지역은 100대 30.7였다. 상황은 점
점 심각해졌다. 한국농촌경제원은 1995년 농촌 지역 20~43세
미혼 남성의 숫자가 미혼 여성의 세 배를 훨씬 넘는다는 조사

결과를 발표했다.[5]

　　현재 시점에서 원인을 분석해 보자. 지역 균형 발전의 실패와 여전히 결혼제도를 맹목적으로 추종하면서도 결혼을 장려하고 유지하는 데 필요한 사회적·제도적 변화가 이루어지지 않던 상황 등등 구조적인 원인을 생각할 수 있다. 하지만 언론을 비롯한 주류 세력은 '시골 처녀들의 이상사치현상'을 규탄할 뿐 구조적인 문제를 해결하려는 진지한 노력은 별달리 기울이지 않았다. 대신 비교적 손쉬운 해결책을 찾아낸다. 바로 국제결혼이다. 민간 중개업소는 물론이고 지방자치단체까지 나서서 국제결혼 사업에 뛰어든다. 1990년대 후반과 2000년대 초반은 국제결혼 사업의 절정기였다. 2005년 개봉한 황병국 감독의 영화 〈나의 결혼 원정기〉에는 당시 대중의 인식을 엿볼 수 있는 대사가 등장한다.

만택(정재영): 쌀도 수입하고 마늘도 수입해서 속이 디비지는데, 내보고 여자를 수입하라꼬?

희철(유준상): 부족하면 사 와야지~. 문제는 피해자가 있느냐 없느냐 카는기 문제지. 쌀농사 마늘농사 짓는 사람이 있

5　경향신문, '[오래전 '이날'] 6월 25일 30년 전, '전국 농촌총각 결혼대책위원회' 결성'(2020. 6. 25.)

는데도 수입을 하니까 문제지. 여자 수입하는 거는 다르지.
니 여자농사 짓는 사람 봤나?

만택(정재영): 내는 남양 홍씨 장손이다! 니는 노란머리 애
낳고 싶나?

국제결혼은 이렇게 한국의 인구학적 문제를 해결하기 위
해 범국가적으로 장려되었다. 결혼이주여성들의 출신국도 다
양하다. 영화 〈나의 결혼 원정기〉의 우즈베키스탄과 몽골이
위치한 중앙아시아 지역, 베트남·필리핀·태국과 같은 동남아시
아 지역 등 주로 경제발전 정도가 우리나라에 미치지 못하는 곳
들이다. 이제 무사히 한국 사회에 자리 잡고 아이를 낳아 인구
를 불려주기만을 바랐는데…. 이게 웬걸. 전통적인 한국의 어
머니 역할을 이 외국인 여인들이 해낼 수 있을까 하는 문화적
불안감이 곳곳에서 현실로 나타났다.

순수한 여인에서 제멋대로에 돈까지 밝히는 여자로

국제결혼사업 광고에 쓰이던 "아직 자본주의의 때가 덜
묻어 1950~60년대 한국 여자처럼 순수하다"라는 문구가 대변
하는 이주여성 이미지는 지상파 방송의 각종 다문화 프로그램
으로 인해 '길들여야 하는 말썽꾸러기'로 빠르게 변화한다. 이들

TV 프로그램은 한국 사회로의 빠른 동화를 채근하는 방식으로 젊은 외국인 어머니가 등장해서 생겨난 문화적 혼란과 혼종성에 대한 두려움을 해결하고자 한다.

KBS 〈러브 인 아시아〉(2005~2015)와 EBS 〈다문화 고부열전〉(2013~2021)이 대표적이다. 이들 프로그램에서 결혼이주여성은 '시댁에 순종하는 착한 며느리'나 '전에 없던 분란을 만드는 이질적인 존재'로 그려지곤 한다. 특히 〈다문화 고부열전〉은 한국 여자들이 봐도 속 터지는 일화로 가득하다. 시부모 부양에 대해 일방적인 양보를 요구하고서는 훈훈한 음악을 배경으로 "결국 며느리는 시어머니를 받아들일까?"라는 내레이션, 결혼이주여성의 고국을 방문해 굳이 사돈댁 앞에서 '며느리가 한국 실정에 맞게 치마를 좀 길게 내려 입으면 좋겠다'고 반말하는 시어머니 등등. 몇몇 일화는 일방적인 동화주의를 거리낌 없이 천명하는 인물을 극에 재미를 주는 긍정적인 요소로 활용해 시청자들의 비판을 받았다.

남편과 시부모의 말을 잘 듣는 착한 며느리라고 언제까지고 안심할 수만은 없다. 착한 며느리든 나쁜 며느리든 모국으로의 '송금' 앞에서는 죄인이 되는 느낌을 피할 수 없다. 송금이 분란의 원인이 되는 순간 착한 며느리와 나쁜 며느리는 모두 '돈 밝히는 외국인 여자'라는 카테고리로 통합된다. 결혼이주여성의 송금 행위는 사랑으로 결합한 혼인의 진정성을 의심케 하고 한국의 자원을 해외로 빼돌리는 일종의 배반 행위로 여겨지기도 한다. 대중문화 콘텐츠는 결혼이주여성의 출신 지역을 궁핍하고 열악하게 드러냄으로써 이들의 송금 행위에 정당성을 부여해 주는 듯 보이지만 한편으로는 이들이 돈에 팔려 온 여인이라는 부정적인 이미지를 고착하는 데 일조하기도 한다.[6]

　　결혼이주여성을 경제적인 시혜의 대상이라는 2등 시민으로만 여긴다면 이들이 사회적 지위와 발언권을 얻는 현상에 거부감을 느낄 수 있다. 이자스민 전 국회의원은 필리핀 출신 결혼이주 귀화 한국인이다. 수식어가 긴 그는 2012년 헌정사상 최초의 귀화인 국회의원이 되었다. 이에 앞서 이한 감독의 영화 〈완득이〉(2011)에서 주인공 도완득(유아인)의 어머니 역으로 이미 얼굴을 널리 알렸다. 다 떨어진 신발을 신고 17년 만에 완득 앞에 나타나 "미안해요"라는 말을 앵무새처럼 반복하며 잔뜩 움츠려 있었을 때 대중은 이 배우를 호의적으로 대했다.

　　그런데 그가 제19대 국회의원 비례대표 후보에 올라 당선되고 의정활동을 시작하자 반응이 달라진다. 깔끔한 차림새

6　결혼이주여성이 한국 남성을 선택하는 이유는 다양하다. 단순히 친정집의 경제를 부흥시키려는 목적에서만 결혼하는 것은 아니다. 막연히 외국 생활을 해보고 싶은 사람도 있고 온라인으로 급속히 퍼진 한류 열풍으로 인한 문화적 기대감에 한국행을 선택한 이들도 많다. 맞선 상대인 한국 남자와 진짜 사랑에 빠진 경우도 당연히 있으리라. 문제는 주류가 설정한 단 하나의 대표 이미지다. 결혼이주여성의 생각과 현실은 김현미, 『우리는 모두 집을 떠난다』(2014, 돌베개)가 훌륭하게 설명하고 있다.

에 당당한 말투로 국내 다문화 정책에 대한 비판과 대안을 쏟아 놓는 그를 보는 대중은 혼란에 빠진다. 영화에서는 이런 사람 아니었잖아? 우리가 미디어를 통해 보아 온 동남아시아 출신 여성과는 사뭇 다르다. 이자스민의 공직 진출은 대한민국 주류 사회가 자신들을 기준으로 만들어 놓은 프레임이 진실을 비추는 거울이 아닐 수도 있다는 불편하고 위협적인 느낌을 일깨운 하나의 사건이었다.

결혼이주여성 국회의원이 나왔으니 이제 슬슬 '역차별' 이야기가 나오는 것도 무리가 아니다. 혐오와 차별 담론의 전형적인 순서다. 반성적 관점에서 비롯한 문제 제기, 숱한 논란과 정책 변화, 그다음엔 뭐? 바로 역차별 논쟁이다. 장애인고용할당제, 공무원 양성평등채용목표제는 제도의 취지와 실제 시행 결과 등에 대한 분석 없이 쉽게 역차별 논쟁에 이용된다. 다문화 정책도 마찬가지다. '동화주의를 전제로 한 지원금 퍼주기식'이라는 비판을 받는 현(現) 다문화 정책에 대해 각종 문화지원사업에서 배제된 선(先)주민 가족이 역차별을 주장하는 일은 현재진행형이다.

이주민 문제 중 결혼을 목적으로 한 해외이주민만큼 다면

적이고 복잡한 문제는 없을 것 같다. 결혼 그 하나만으로도 정서적, 문화적, 경제적으로 얼마나 복잡한 문제가 생기는가! 여기에 외국인이라는 민족적, 계급적 문제까지 얹힌다. 결혼이주여성은 '여성'이라는 젠더 문제까지 추가된다. 하지만 한국의 주류 세력이 이 복잡한 문제를 얼마나 자세히 들여다보고 있는지는 잘 모르겠다.

대중문화 콘텐츠가 다양한 얼굴을 가진 결혼이주여성을 지금까지처럼 단순하게 도식화해 보여준다면 아무개 씨는 앞으로도 계속 사촌동생 아무나 씨와 그의 아내를 진정으로 이해할 수 없을지 모른다. 대한민국 주류 아무개 씨가 아무런 동기 없이 갑자기 결혼이주여성에 대한 연구서를 집어 들 것 같지는 않으니 말이다.

외국인노동자[7], 불법체류자, 그리고 아이들

아무개 씨에게 타국에서 일한다는 것은 현실이 아닌 '로
망'에 가깝다. 한국에서 일하는 외국인 중 토크쇼에까지
출연하는 화이트칼라를 보며 타지에서 일하는 자신의
모습을 상상한다. 공장이나 농촌에서 일하는 이들은 가
난하고 힘들어 보인다. 나아가 굳이 범죄자가 되면서까
지 일하고 싶진 않다. 불법체류자 말이다.

합법과 불법을 가르는 고용허가제

'외국인'이라는 말에서 서래마을에 사는 프랑스인 부
부를 떠올릴 수도 있고, '노동자'라는 말에서 작업 조끼를 입은
한국 남성을 떠올릴 수도 있다. 그런데 이 두 단어를 합쳐서 '외
국인노동자'라는 말을 만들면 어떤 사람이 떠오를까?

상상은 어렵지 않다. 작가 기안84의 웹툰 〈복학왕〉(2014~2021)

---

7   법령에서는 이제 '외국인근로자'라는 표현을 사용하지만, 아직도 미디어에서는 '외
국인노동자'가 널리 쓰이므로 본문에서도 '외국인노동자'라고 표기하겠다.

제248, 249화가 대표로 보여준다. 세미나 장소로 떠나는 버스 안. 한국 사람보다 짙은 피부색에 앞니마저 빠진 한 남자가 말 끝마다 '캄캄' 거리며 호들갑을 떤다. 더럽고 열악한 숙소를 마주한 이 외국인노동자는 "우리 회사 최고다⋯. 죽을 때까지 다닐 거다! 세미나 온 게 어디냐!!!"라며 감격의 눈물을 흘린다. 같은 에피소드에서 조선족 말투를 쓰는 이는 인형뽑기 기계를 부수어 피투성이 된 손으로 인형을 꺼낸다. 이런 인종차별적 묘사는 논란이 되었고 결국 작가는 공식적으로 사과했다.

하지만 작가 개인을 마냥 비난할 수만은 없다. 대한민국 법무부도 똑같은 잘못을 저지르기 때문이다. 법무부 공식 페이스북에 게시된 '저는 불법체류 외국인입니다'라는 제목의 카드 뉴스는 짙은 피부색, 곱슬머리, 어두운 표정의 남성을 불법체류자로 묘사한다. 동남아시아인 이미지를 이용한 것이다. 반면 긍정적인 정책을 소개할 때는 밝은 피부의 백인 이미지를 사용하는 경향을 보인다. 국가인권위원회가 2021년 8월 변호사단체 및 각종 시민단체 등과 함께 진행한 '정부 홍보물 혐오표현 실태 모니터링' 진행 결과 중 일부다. [8]

8　국가인권위원회 홈페이지(www.humanrights.go.kr) → 보도자료 → '"정부 홍보물, 고정관념과 편견에서 벗어나야"-정부 홍보물 혐오표현 실태 모니터링 결과 발표'(2021. 8. 10.)

　　외국인노동자와 불법체류자가 흔히 동남아시아 사람으로 묘사되는 이유는 「외국인 근로자의 고용 등에 관한 법률」에 의한 고용허가제 때문이다. 고용허가제는 내국인을 구하지 못해 인력난을 겪고 있는 사업장에 일정한 요건 아래 외국인 근로자를 합법적으로 고용할 수 있도록 허가해 주는 제도다. 일반 고용허가제와 특례 고용허가제로 나뉘는데 전자는 동남아 지역 등 16개국[9]의 인력을, 후자는 중국과 구소련 국적의 동포(조선족, 고려인)를 대상으로 한다. 미디어는 고용허가제로 국내에 들어온 외국인을 대표적인 이주노동자, 나아가 불법체류자 이미지로 보여준다.

　　고용노동부는 공식 자료에서 고용허가제의 기본 원칙 중 하나로 "외국인근로자들의 국내 정주화 방지(단기순환)"를 천명한다. 이에 따라 취업 활동은 입국일로부터 3년으로 제한되고 단 1회에 한하여 1년 10개월 연장할 수 있다. 즉 최장 4년 10개월 체류할 수 있는 셈이다. 4년도 아니고 5년도 아니고 애매하게 4년 10개월인 데는 다 이유가 있다. 「출입국관리법」[10]에 의하면 한국에 합법적으로 5년 이상 계속하여 정주(定住)한 외국

9　①필리핀, ②몽골, ③스리랑카, ④베트남, ⑤태국, ⑥인도네시아, ⑦우즈베키스탄, ⑧파키스탄, ⑨캄보디아, ⑩중국, ⑪방글라데시, ⑫네팔, ⑬키르기즈, ⑭미얀마, ⑮동티모르, ⑯라오스 (MOU 체결 순)

10　영주자격에 부합하는 사람의 범위: 법 제10조의3, 동법 시행령 제12조의2 제1항, [별표 1의3] 중 "(…) 체류자격으로 5년 이상 대한민국에 체류하고 있는 사람"

인은 영주권을 신청할 수 있는 자격이 부여된다. 5년이 되기 전에 이들을 내보내야 영주권 신청을 막을 수 있으니 애매하게 1년 10개월만을 연장할 수 있게끔 정한 거다. '성실근로자 재입국 취업 제도'라는 게 있어서 취업기간 동안 한 사업장에서만 성실히 근무한 외국인 근로자는 최장 4년 10개월을 한 번 더 머무를 수 있긴 하다. 단 그사이에 반드시 본국으로 돌아가 3개월을 기다렸다 한국으로 재입국해야 한다.

　　이러한 단기순환 원칙이 한국인의 기피 업종에만 종사할 수 있다는 '보충성 원칙'과 만나는 순간 외국인노동자들은 합법과 불법의 경계에 아슬아슬하게 설 수밖에 없다. 자녀가 한국 학교에 다니느라 4년 10개월을 넘겨야만 하는 사정이 생기거나 열악한 작업 환경과 고용주의 부당행위 등의 이유로 작업장을 이탈하면 그 순간 합법에서 불법 신분으로 변모하기 때문이다. 다시 본국으로 나갔다 돌아와야만 하는데 그러지 못하고 정해진 체류 기간을 넘겨 계속 한국에 남아있는 사람. 불법체류자 중에는 처음부터 밀입국한 경우보다 이런 초과체류 유형이 압도적으로 많다. 이들이 적극적으로 무슨 불법 행위를 범한 건 아니다. 등록을 갱신하지 못해 불법이 된다. 그래서 국가인권위원회는 '불법체류자' 말고 '미등록 체류자'라고 부를 것을 제안했다. 법무부는 이를 따르지 않았지만…. 여기서는 그렇게 바꿔 부르자.

미등록 체류자가 주역인 영화 〈방가?방가!〉

도입부에 소개한 웹툰처럼 대중문화 콘텐츠가 이들을 불쌍하거나 위협적인 조연으로 묘사하는 건 잘 알겠다. 주인공인 작품은 없을까? 독립영화는 몇 편 있다. 상업영화에서 외국인 노동자가 주역이면서 동시에 흥행에서도 의미 있는 성과를 거둔 경우는 흔치 않다. 그 드문 작품이 바로 육상효 감독의 영화 〈방가?방가!〉(2010)[11]다.

한국 남자 방태식(김인권)은 취업에 번번이 실패한다. 그러던 중 이국적인 용모 덕택에 외국인으로 오해받아 경기도 안산의 의자 공장에 취직한다. 순식간에 자신을 부탄 출신의 '방가'로 설정한다. 방 씨니까 '방 가(家)'라는 게 거짓말은 아니긴 하지만 어쨌든 일종의 위장취업으로 외국인노동자 무리에 섞여든다. 제대로 할 줄 아는 일이 없어서 외국인들 사이에서도 배척되다가 차차 신뢰를 얻는다. 우연히 불법체류자 석방 촉구 집회에도 참석하고 한국어 강좌에서 각종 한국말 욕설을 가르쳐주고 한국인 공장장의 부당한 대우에 맞서기도 한다. 하지만 방

---

11 개봉 당시 97만 명 이상 관람했고, 2011년 제20회 부일영화상 각본상, 제47회 백상예술대상에서 영화 시나리오상, 영화 여자신인연기상을 받았다. 같은 해 제6회 이주민 영화제 출품작이기도 하다.

가는 친구 용철(김정태)과 함께 미등록 체류자인 동료들에게 사기를 쳐 그들의 돈을 갖고 도주한다. 용철이 경찰에 그들의 존재를 신고했다는 사실을 뒤늦게 알게 된 방가는 죄책감에 다시 돌아간다. 구금되어 있던 그들은 방가의 기지로 모두 탈출한다.

이 영화에서 한국인이 외국인 신분으로 위장하는 설정은 이주노동자가 등장하는 여타 콘텐츠와의 가장 큰 차이점이다. 한국인 방가를 이주민으로 설정해 양면적 입장에 처한 모습을 보여줌으로써 관객이 이주민들의 고통스러운 현실을 정면으로 응시하는 상황을 피했다. 오락 영화가 웃음과 동시에 사회적인 메시지를 전달하는 데 위화감이 들지 않기 위한 장치다. 이 영화는 전반적으로 외국인노동자를 인간으로서 대하고 다양성을 존중하자는 메시지를 편안하게 전달했다는 평가를 받았다.

비판적인 견해도 있다. 한국에서 일하는 외국인노동자 중 대다수가 합법적인 비자를 받고 있는데도 영화 속 외국인노동자들이 모두 미등록 신분이라는 설정은 평범한 외국인 근로자에 대해 '불법' 딱지를 붙일 우려가 있다는 의견이다. 나아가 외국인노동자가 직면하는 고단한 현실은 제도적·구조적 문제에서 비롯된 것이지만 영화 속에서는 악역으로 나오는 공장 관리자 개인의 인성 문제로 환원된 부분도 지적한다.

소수자 중의 소수자 중의 소수자, 미등록 체류 아동

외국인노동자는 한국 사회의 소수자지만 이들도 합법과 불법으로 계급이 나뉜다. 그런 의미에서 미등록 체류자는 소수자 중의 소수자다. 하지만 합법이든 불법이든 신체적으로 성숙하고 사리 분별이 가능한 성인이라면 어떻게든 자기 앞가림을 할 수는 있을 거다. 이들보다 더 약자도 있다. 바로 미등록 아동이다. 보호자 없이는 독자적인 생존도 장담할 수 없는 이들은 사회적 약자 중의 약자 중의 약자라고 볼 수 있다.

영화 〈방가?방가!〉에도 미등록 아동이 등장한다. 베트남 여성 노동자 장미(신현빈)의 아들 단풍(정태원)인데, 한국에서 태어난 단풍은 자신을 "베트남 사람 아니고 한국 사람"이라고 말한다. 영화 속에서는 해맑은 모습으로 잠깐 등장하지만 현실에서 미등록 체류 아동이 마주하는 시련은 상상 이상이다. 한국처럼 주민등록제도와 신분 인증 시스템이 물샐틈없이 갖춰진 곳에서 주민등록번호나 외국인등록번호가 없다는 사실은 집 밖의 모든 상황이 불편하다는 걸 의미한다. 당장 음식점만 해도 그렇다. 코로나19 바이러스 방역 정책으로 반드시 해야만 했던 업장 내 출입 등록(QR체크인)은 어떻게 했을까? 이들은 핸드폰도 본인 명의로 개설할 수 없다. 공교육도 제대로 받지 못하는 사각지대에 놓여 있다가 인권단체의 노력으로 고등학교 졸업까지는 대한민국 밖으로 쫓겨나지 않도록 개선된 지 10년도 채 되지 않았다. 2012년 이전에만 해도 중학생, 고등학생 아이들이 태어나서 단 한 번도 가보지 않은 부모의 나라로 강제추방되는 일이 종종 벌어지곤 했다.

미등록 체류 아동은 대중문화 콘텐츠에 거의 등장하지 않는다. 그러니 사람들이 그들의 존재를 미처 알지도 못하는 게 당연하다. 2021년 6월 출판된 작가 은유의 『있지만 없는 아이들』은 이들의 존재를 본격적으로 세상에 드러냈다. 인터뷰 형식으로 구성된 이 책은 미등록 체류 아동과 그들을 도우려는 어른들의 생생한 목소리를 들려준다.[12]

국가가 미등록 체류자를 강력하게 단속하고자 하는 데는 분명 그만한 이유가 있다. 외국인 노동자와 미등록 체류자들이 한국 사회에서 쥐 죽은 듯 조용히 지내기만 하는 것도 아니다. 간혹 혼란을 일으키기도 하고 범죄를 저질러 사회적 비용을 축내기도 한다. 그건 익히 알고 있으니 이제 다른 이야기에도 관심을 가져보면 어떨까. 그들은 누구고, 왜 한국에 왔고, 어떻게

---

12   제 책을 읽는 독자 여러분. 『있지만 없는 아이들』(2021, 창비)도 꼭 읽어주세요.

살고 있고, 왜 계속 머무르는지 말이다. 미디어가 만들어 낸 평면적인 이미지에만 기대지 말고 직접 찾아보고 연구해서 결론을 내려보는 거다. 혹시 아나. 관심 있게 살펴보면 달리 보일 수도.

4장

아무개 씨는 남성입니다

솔직히 말하면 아무개 씨는 세상이 도대체 얼마나 잘못 돌아가고 있다는 건지 잘 모르겠다. 남자들이 다 잘못한 것처럼 그렇게 말하는데, 그럼 여자들은 결백한가? 몇 년 전 우후죽순 터졌던 '미투'만 봐도 그렇다. 미투로 인해 얼마나 많은 남자가 꽃뱀에 의해 억울하게 범죄자로 몰렸던가. 자기들 좋다고 가만히 있을 때는 언제고 갑자기 왜 그렇게 벌떼처럼 일어난 건지 모르겠다. 여자들은 평소에는 시기 질투하며 물고 뜯고 속 좁게 서로를 비난하더니 갑자기 남자들을 공공의 적으로 만들고 대동단결을 하는 이유가 뭘까. 게다가 요즘엔 무슨 말만 했다 하면 다 여혐이라고 하니 입도 못 열겠다. '와, 여기 꽃밭이네요', '보기 좋은 떡이 먹기도 좋다잖아요, 이왕이면 예쁜 게 좋죠' 이런 말 좀 했다고 분위기 그렇게 어색해질 일인가?

지겹고도 지겨운 꽃뱀 서사

아무개 씨의 지인이 고민 상담을 요청해 왔다. 갑자기 친해진 직원이 한 명 있는데 그쪽도 호감을 보이는 것 같아 회식 자리에서 은밀히 스킨십을 시도했다가 거절 당한 일이었다. 정신적 손해배상과 함께 공개적인 사과를 하지 않으면 고소를 하겠다고 한다. "꽃뱀 아냐?" 이 야기를 듣고 입을 연 아무개 씨의 첫 마디다.

웹툰 〈성경의 역사〉 속 꽃뱀 서사

앉은 자리에서 전부 유료 결제를 할 수밖에 없는 흥미로운 웹툰을 보았다. 최경민, 영모 작가의 웹툰 〈성경의 역사〉(2020~2021)다. 계기는 언론사 칼럼을 통해 이 만화의 스토리 작가가 우리 사회에 퍼져있는 여성 혐오를 아무런 미화 없이 노출했다는 취지의 호평을 접해서였다. 칼럼니스트 위근우는 "〈성경의 역사〉는 작품 자체만으로도 흥미롭고, 무엇보다남성 창작자가 자신이 속한 남성 사회를 재현·고발하는 데 있어 가장 가감 없고 가차 없는 작품 중 하나로 꼽을 만하다"고 평했다[1] 그래서일까. 이 작품은 연재 기간 중 인터넷 특정 남초 사이트에서 '좌표가 찍혀' 악플 테러를 당하기도 했다.

　작품은 무고한 여성이 어떻게 순식간에 꽃뱀이 될 수 있는지를 여과 없이 보여준다. 만화과 진학을 위한 입시 미술학원의 강사인 주상대는 재수생인 성경을 좋아한다. 다른 지역에서 온 성경이 주위에 적응하는 그 짧은 사이에 접근해 친밀감을 쌓아 올린다. 주상대는 스승에 대한 성경의 호감과 존경을 제멋대로 '그린라이트'로 해석해 입맞춤을 시도한다. 이 사건으로 학원에서 쫓겨난 주상대는 성경이 말로만 듣던 꽃뱀이고 자신은 꽃뱀으로 인한 피해자이며 그동안 꽃뱀 피해를 입은 억울한 남자들과 연대하지 않았던 자신을 반성한다. 반성으로 그치지 않는다. 성경은 감히 '남자의 진심을 받아들이지 않은 죄'로 이후 에피소드 내내 그의 폭력적 행동과 이에 따른 트라우마에 시달린다. 성경의 죄는 무엇인가. "저도 쌤이랑 얘기하면 좋아요"라고 말하며 해맑은 미소를 보인 것이다.

　예쁜 외모와 차분하고 소심한 성격의 성경은 '만만한 애'로 대학 내에서 원치 않는 인기를 누린다. 남자들은 "성경이는

1　경향신문, '[위근우의 리플레이] <성경의 역사>, 모든 남자가 다 그런 건 아니라는 항변의 무가치함'(2020. 10. 30.) 웹툰뿐만 아니라 이 칼럼도 흥미롭다.

내 꺼"라고 선언하고, 여자 동기는 "성경 언니 같은 타입은 알면서도 모른 척하는 거지. 나 고딩 때도 같은 반에 그런 애 하나 있었거든. 전형적인 쌔ㄴ 스타일"이라고 험담한다. '전형적인 쌔ㄴ 스타일'이라는 말은 작품 내에서 여러 번 등장한다. 특별한 잘못이 없어도 비난의 대상이 되는 이런 꽃뱀 프레임은 만화과 조교 송다희의 "아… 너가 그럼 개야? 도화살 꼈다는 신입생이"에서와 같이 도화살이라는 단어로 변주되기도 한다.

작품 속에서 가장 소외되는 인물은 아이러니하게도 주인공인 성경이다. 이 만화는 성경의 속마음을 거의 노출하지 않는다. 성경의 주변 인물들이 이러쿵저러쿵하면서 성경을 해석하고 판단한다. 캠퍼스 내의 사망 사건을 성경이 연루된 치정 살인극으로 가공해 공유하기도 한다. 작품의 빌런 중 하나인 주하나는 성경에 대한 루머를 시나리오로 짜 강단에 서 발표를 하며 "저는 그 '가만히' 있는 주인공의 행동 역시 미필적 고의가 아닐까 생각했거든요. 누가 봐도 주인공에게 욕망을 가지고 접근을 하는데, 주인공은 그것을 쳐내지 않고 다 받아 준다면? 그로 인해 상대방이 착각을 하고, 착각에 대한 역풍을 맞는다면? 과연 주인공은 정말 가만히 있었던 걸까? 그런 관점에서 이야기를 한 번 봐주시면 어떨까 싶습니다"라고 당당히 말한다.[2]

---

2 네이버 웹툰 <성경의 역사> 제23화 중. 여담으로, 작품을 보기 전에 왜 제목이 <성

다행히도 작품은 성경이 답답하게 당하기만 하는 채로 끝나지는 않는다. 주변 사람들은 성경에 대한 오해를 풀고 과거의 자신을 반성한다. 꽃뱀 서사의 재현은 적나라했지만 결말은 모범답안에 가깝다. 하지만 우리는 '남자의 관심을 이용해 결국엔 그를 파멸로 이끄는 여자' 프레임이 현실에서는 결코 모범답안으로 끝나지 않는다는 사실을 잘 알고 있다. 현실의 답답한 결말을 숱하게 봐왔기 때문이다. 그래서 <성경의 역사>가 필요하다. 모범답안 역할을 하는 실제 사건이 거의 없기 때문이다.

수많은 꽃뱀 서사에서 우리는 무엇을 배웠나

꽃뱀 서사는 역사가 매우 깊다. 아담을 꼬드겨 선악과를 따 먹게 했던 팜프파탈의 원형인 이브까지 올라가면 인류의 전 역사와 함께했다고 볼 수도 있겠다. 그렇게 역사가 깊다면 이젠 진부해서 더는 우려먹지 않을 법도 한데 실상은 21세기인 지금도 한창 잘나가고 있다. 우리가 미디어를 통해 보고 겪는 현실

경의 역사>일까 지레짐작했었다. 나는 이 웹툰이 기독교의 경전인 성경, 그러니까 Holy Bible의 역사를 말하는 것으로 오해했다. '아, 성경 속의 가부장제에 대한 비판인가? 뱀의 유혹에 넘어가 아담과 함께 선악과를 따 먹어 인류에게 원죄의 굴레를 씌우고야 만 이브, 그 이브에 대한 만화인가? 뱀? 꽃뱀? 헉, 이것은 정말 절묘한 은유다!'라는 생각에 미치던 찰나, 이 웹툰의 주인공 이름이 '성경'일 뿐이란 걸 알게 되었다. 최경민 작가는 작품 후기에서 주인공 이름이 '성경'인 이유와 관련해 "성경이라는 책은 해석하는 이에 따라 같은 구절도 다르게 전달된다고 생각합니다. 성경이란 인물 역시 그렇다고 생각해요. 그런데 내용적인 측면에서는 성경책과 딱히 접점이 없습니다"라고 밝혔다.

속 꽃뱀 서사는 어떠했을까. 자료 조사를 하다 보니 90년대 이후 대한민국의 꽃뱀 프레임을 크게 3기의 역사로 분류할 수 있었다.

　　제1기는 이른바 '서울대 신 교수 성희롱 사건'[3]으로 시작된다. 이 사건은 직장 내 성희롱 사건의 효시다. 성희롱이라는 단어가 대한민국에 없던 시절이다. 1993년 서울대학교 조교인 우 모 씨는 신 교수의 성희롱 사실과 임용 탈락의 부당함을 대자보를 통해 고발한다. 이에 신 교수가 우 조교를 명예훼손으로 고소하고 우 조교가 성희롱을 문제 삼아 민사소송으로 맞대응한 것이다. 손해배상청구소송에서 1심 재판부는 3,000만 원의 원고 일부 승소 판결을 냈다. 신 교수는 항소했고 항소심 재판부는 1심을 뒤집어 원고 패소 판결을 했다.[4] 대법원이 고등법

3　사건 당시엔 '서울대 우 조교 성희롱 사건'이라고 불렸다. 피해자의 이름으로 사건을 칭해 피해자를 주목하게 만들어 결과적으로 2차 피해를 줄 수 있는 작명 방식이다. 여성가족부와 한국기자협회가 만든 '성폭력·성희롱 사건보도 실천요강'에 의하면 이 사건은 '서울대 신정휴 교수 성희롱 사건'이다. 한국일보, '28년 전 '신 교수 성희롱' 사건·미투 운동… 배울 기회는 충분했다'(2021. 2. 27.) 참조

4　항소심 재판부의 판결은 두고두고 비판의 대상이 되었다. 다음 판결문 내용을 읽어 보자.
"이상에서 법적인 성적 괴롭힘의 개념과 그에 대한 법적 구제책에 관하여 살펴보았으나, 새로운 제도의 도입에는 그에 수반하는 부작용을 최소화하는 주의 역시 필요하다. 첫째로, 성이 인간의 발전을 이끄는 원동력이고 기본적인 에너지원이라고 하는 인식을 제쳐둔다고 하더라도, 남녀관계를 적대적인 경계의 관계로만 인식하여 그 사이에서 일어난 무의식적인 또는 경미한 실수를 모두 법적 제재의 대상으로 삼으려는 주장에는 경계하여야 한다. 그렇게 되면 남녀 간의 모든 접촉의 시도는 위축되고 모든 남녀관계가 얼어붙게 되어 활기차고 정열적인 남녀관계의 자유로움과 아름다움이 사라지게 될

원의 판단을 파기환송 해 결과적으로 우 조교는 500만 원의 손해배상청구 일부 승소 판결을 얻는다. 엎치락뒤치락하며 장장 6년에 걸친 사건이었다. 이 시간 동안 우 조교는 능력 있는 남자 앞길을 망치려는 꽃뱀으로 변해 있었다. 자칫 잘못 건드렸다간 신세 망치는 꽃뱀 서사가 성희롱이라는 새로운 개념과 만나는 순간이다. 용기 있는 고발 덕에 직장 내 성희롱은 범죄라는 인식이 퍼지기 시작했지만 정작 당사자는 위험인물로 낙인찍혀 오랜 기간 취업 등에서 어려움을 겪었다.

　　제2기는 성범죄에 대한 친고죄 제도가 전면 폐지되는 2013년 6월 19일부터다. 남성 연예인들의 성범죄가 화제이던 때였다. 이 시기 언론은 제목에서 꽃뱀이라는 단어를 사용하길 주저하지 않았다. 친고죄가 폐지되어 성범죄의 처벌 여부가 고소와 무관해진다면, 꽃뱀들이 더는 고소와 고소 취하를 빌미로 연예인들을 협박하지 못하리라는 논리였다. 데일리안은 기사 제목을 '연예계 성범죄 '꽃뱀은 사라지겠지만…"(2013. 6. 20.)으로, 세계일보는 '성폭력 고소율↓ … '꽃뱀' 사라졌나?'(2014. 3. 25.)를 통해 성범죄 피해자를 무고죄 피의자와 동일시할 수 있는 잘못된 통념을 조장했다.

우려가 있다. 그것은 남성에게뿐 아니라 여성에게도 불행스러운 일이 될 것이다."(서울고등법원 1995. 7. 25 선고 94나15358 판결 [손해배상(기)] 판결 이유 중)
판결문조차 이랬다. 이런 판결문이 비판적으로 읽히는 지금, 그나마 세상이 조금씩은 나아지고 있다는 안도감이 든다면 필자가 지나치게 긍정적인 걸까.

제3기는 2018년 이후의 이른바 '미투' 시즌이다. 연이어 터지는 유명인의 성폭력 사건에 대한 백래시는 다름 아닌 지겹고도 지겨운 꽃뱀 서사였다. 연극연출가 이윤택, 영화감독 김기덕, 배우 조민기, 강지환 등[5]에 의한 성범죄 피해자들은 예외 없이 꽃뱀이라는 2차 가해에 시달렸다. 미투 운동 중 현재까지도 이어지는 가장 심한 2차 피해를 입은 사람은 안희정 전 충남지사의 성범죄 피해자인 김지은 씨다.

안희정 전 지사의 성폭력 사건이 한창 진행되던 때 사람들은 저마다 다른 인물에 감정 이입했다. 피해자 김지은이 아니라 안희정의 아내에 감정 이입해 분노한 이들이 꽤 많았다. 김 씨를 꽃뱀 프레임에 가둔 것이다. 그들은 아직도 김 씨를 '이상한 여자'라고 말하고 안 전 지사와 김 씨가 '연애'한 것이라고 말한다. 항소심과 대법원이 명백하게 김 씨의 성폭력 피해를 인정했음에도 여전히 김 씨를 꽃뱀으로 여기는 인터넷 여론이 상당하다. 가장 큰 원인은 당시 일부 언론과 인터넷 카페가 양산한 루머 때문이다. '안희정과 그 아내가 잠든 침실에 김 씨가 들어와 물끄러미 그들을 바라봤다'는 것인데, 이는 재판 과정에서 사실이 아닌 것으로 밝혀졌다. 하지만 이미 자극적으로 퍼져버

---

5 고(故) 김기덕 감독과 고(故) 조민기 배우에 대해서는 유죄의 확정판결이 있던 것은 아니다. 하지만 관련 민사소송 및 근무처인 대학 내부의 징계 절차 등에서 사실관계가 일부 확인된바, 본문에 열거했다.

린 헛소문은 되돌리기 어렵다. 고등법원과 대법원에 의해 확정된 사실관계가 있음에도 "나는 아직도 그들이 불륜이라고 믿는다"는 댓글이 2022년 대선 정국에 등장하는 걸 보면 루머의 위력을 실감할 수 있다. 아무리 사법 불신이 심하다고 해도 이렇게까지 확고한 신념은 유서 깊은 꽃뱀 서사의 도움이 없이는 유지되기 힘들 것 같다.[6]

　　미투 이후, 그리고 웹툰 〈성경의 역사〉 이후 여성에 대한 꽃뱀 프레임은 조금이라도 변화를 겪고 있을까? 꽃뱀 서사를 제3기까지 거쳐 얻은 결실이 있나? 그렇지 않은 것 같다. 꽃뱀은 2022년 제20대 대통령선거 정국에서도 등장했다. 대선 후보도 아닌, 후보자의 배우자에 대한 의혹이었다. 벽화로 조롱당한 여성은 유흥업소 접대부를 거치며 사회적으로 성공한 남성

6　김지은 씨는 2020년 3월 안희정 전 지사의 성폭력을 고발하고 재판 경과 등을 기록한 『김지은입니다』라는 제목의 책을 출간했다. 출간 기사에는 '왜 아프다는 기억까지 굳이 끄집어내서 책으로 쓴 건지, 돈이 필요해서 그런 것 아니겠냐'는 2차 가해 댓글이 달렸다. 이에 대한 적절한 답변을 책의 본문 317쪽에서 찾아 인용한다. "그럼에도 기억을 끄집어내어 한 단어, 한 문장으로 표현함으로써 고통을 뭉개지 않고 가지런한 언어로 기록하고 싶었다. 피해와 고통을 말하는 그 과정 속에서 스스로의 사건을 객관적으로 보게 되었고, 타인의 시선을 들여놓게 되면서 조금은 평온한 상태가 되는 경험을 했다." 이 책이 갖는 의미는 위 진술을 넘어선다. 지겹고도 지겨운 꽃뱀 서사가 현실에서 어떻게 작용하는지를 기록했기 때문이다.

들과 교제하며 목표를 이루겠다는 서사의 주인공으로 등장한다. 진영을 초월해 과연 이런 여성혐오적 공세가 정치적인 공격으로서 온당한 것인지에 대한 비판의 목소리가 있다. 벽화의 내용에 동조하는 목소리가 더 크긴 하지만 말이다. 아직은 작은 비판의 목소리. 작으니까 앞으로는 커질 일만 남았다고 생각하는 건 지나친 낙관일까.

'여적여'만으로 여성 사회를 설명할 순 없어

아무개 씨가 아내와 참치 횟집에서 저녁 식사를 하고 있다. 바로 옆에 여자 한 명, 남자 두 명으로 구성된 테이블이 있다. 아무개 씨와 아내는 본의 아니게 그들 셋이 신나게 그 자리에 없는 여자 동료를 험담하는 걸 들을 수밖에 없었다. "역시 여자의 적은 여자라더니!" 아무개 씨가 내뱉은 말이다. 아내는 눈이 동그래졌다.[7]

여적여 프레임이 작동하는 방식

여성 상호 간의 관계를 표현하는 속담을 생각해봤다. '여자 셋이 모이면 접시가 깨진다', '여자의 적은 여자다' 정도가 생각난다. 이 중 후자는 동서를 막론한 구전설화의 큰 축으로 자리 잡았다. 「백설공주」 이야기의 왕비와 백설공주, 그리고 「콩쥐팥쥐 설화」의 계모·팥쥐와 콩쥐는 전형적인 '괴롭히

---

7   그 아내가 바로 나다. 2012년에서 2013년으로 넘어가던 겨울 저녁 서울 신논현역 근처 참치집.

고 괴롭힘당하는 여자'의 관계다. 1980년대 최고의 명랑만화인 KBS2 〈달려라 하니〉는 어떨까. 나는 아직도 나애리가 무슨 악행을 어떻게 저질렀는지 잘 이해되지 않지만 아무튼 나애리는 하니를 미워한다는 사실 하나만으로도 극 중 최고의 악녀다. 이렇게 시기·질투로 반목하는 여성들은 대중문화 콘텐츠 속에 끊임없이 등장한다.

　　'여자의 적은 여자'의 줄임말인 '여적여'는 언론의 헤드라인에서 통용될 정도로 대중적인 신어가 되었다. 남성들 사이의 갈등에 대해 '남적남'이라는 말이 쓰이지 않는 것과 대조적이다. 남성 상호 간의 갈등은 다면적으로 파악된다. 여자들의 경우처럼 여적여라는 하나의 프레임으로 납작하게 만들어 버리는 부추김은 없다.

　　여적여 프레임의 실체는 뭘까? 여성은 본래 질투가 심해서 다른 여성을 미워할 수밖에 없고 결과적으로 여성들이 많은 곳은 질투가 난무할 거라는 편견이다. 이는 애초에 가부장제가 여성을 위해 마련해 놓은 파이가 지나치게 작아서 필연적으로 생길 수밖에 없는 경쟁의 사회적 맥락을 소거한 프레임이다. 가부장제의 '결과'인 여성 상호 간 갈등을 마치 여성의 보편적인 성향이 '원인'인 것처럼 호도하는 방식이다. [8]

8　가부장제를 언급하면 '언제 적 철 지난 가부장제 타령이냐'라고 타박하는 이도 있

여자가 여자를 괴롭힌다는 설정은 미디어에만 존재하는 일종의 허구적 서사는 결코 아니다. 현실에서 가해자와 피해자가 모두 여성인 경우는 얼마든지 존재할 수 있다. 이때 여적여 프레임은 현실 갈등의 다양한 원인을 여자들의 시기·질투심으로 압축해버리는 잘못에 기여한다. 원인을 깊게 고찰하는 것은 에너지가 많이 드는 일이니 사회적으로 통용되는 편견에 기대 현상을 단순명쾌하게 분석하는 것이다.

실제로 빈번하게 발생하고 있는 고부갈등을 생각해보자. 많은 경우 시어머니와 며느리의 갈등은 '사랑하는 아들을 빼앗겨 심술이 난 시어머니와 이에 대해 요령 있게 대처하지 못하는 뻣뻣한 며느리'로 묘사되곤 한다. 1차원적인 여적여 구도다. 하지만 속사정을 들여다보면 이런 갈등의 원인은 개인의 시기나 질투보다 더 구조적인 문제에서 비롯된 것일 수 있다. 남성 권

을 수 있겠다. 하지만 아주 최근인 2021년 9월까지 남성과는 달리 오직 여성 공직자만 자신의 부모가 아닌 '시댁'의 재산을 직계존·비속의 재산으로서 등록했다는 사실은 모르는 이들이 많을 것이다. 2009년 개정된 「공직자윤리법」은 남녀 공직자 모두 친부모 등 자신의 직계존·비속이 가진 재산만 등록하면 되도록 했지만, 부칙을 둬 구법에 따라 배우자의 직계존속인 시부모의 재산을 등록했던 기혼 여성 공직자에 대해서는 (개정법이 아닌) 구법에 따라 계속 시부모 재산을 등록하도록 했다. 헌법재판소는 2021년 9월 30일 재판관 전원일치로 「공직자윤리법」 부칙 제2조를 위헌 결정했다. 결정 이유에서 헌법재판소는 "기혼 여성 등록의무자만 본인이 아닌 배우자의 직계존·비속의 재산을 등록하도록 하는 것은 여성의 사회적 지위에 대한 그릇된 인식을 양산하고 가족관계에 있어 시가와 친정이라는 이분법적 차별구조를 정착시키며 남성우위·여성비하의 사회적 풍토를 조성하게 될 우려가 있다"고 지적했다. 그러면서 "이는 성별에 의한 차별금지 및 혼인과 가족생활에서의 양성의 평등을 천명하고 있는 헌법에 정면으로 위배되는 것으로 목적의 정당성을 인정할 수 없고 평등원칙에 위배된다"고 했다(헌재 2021. 9. 30. 선고 2019헌가3).

력을 중심으로 서열이 매겨지는 가부장제에서 아버지와 아들이라는 지위에 종속될 수밖에 없는 약자들 상호 간의 문제라는 인식도 가능하다.

단적인 예로 가부장제의 연례행사인 명절 직후의 이혼율 증가[9]가 반증하듯이 명절 노동은 오롯이 여성들의 몫이다. 집안 여자들끼리 부담을 분산하는 과정에서의 갈등은 쉽게 예견할 수 있는 일이다. 애초에 구조 자체가 한쪽 성별에 대한 착취인데 그러한 구조에서 비롯한 갈등을 여적여 프레임으로 치환해 버리는 것이다. '아무튼 여자들이 문제다'라는 식의 요약은 가부장제의 구조적 모순에 대한 분석과 비판의 칼날을 약자들에게로 돌리는 치사한 방식이다. 고부갈등의 상당수는 약자들이 '겪는' 문제이지, 약자들이 '만든' 문제는 아니다.

여성은 가정을 떠난 공적인 영역에서조차 여적여 프레임에서 자유롭지 못하다. 남성 중심 사회에서 여성 간 경쟁은 쉽게 감정적인 여적여 구도로 치환된다. 지난 2020년 4월 15일 제21대 총선 개표방송에서 벌어진 일이다. MBC는 자사 프로그램인 〈출발! 비디오여행〉(1993~)의 인기 코너인 '영화 대 영화'

---

9   조선일보, '명절 전후 이혼 상담 폭증… 부부가 던지는 최악의 말은'(2021. 9. 18.), 머니투데이, [팩트체크] "명절마다 싸운다"… 연휴 끝나면 정말 이혼 급증할까?'(2021. 9. 21.)

형식을 차용한 '후보 대 후보' 코너를 마련해 더불어민주당 이수진 후보와 미래통합당 나경원 후보가 접전하는 서울 동작을의 개표 상황을 전했다.[10] 이때 MBC는 "언니, 저 마음에 안 들죠"라는 표현을 사용했다.

이는 2015년 MBC의 예능 <띠동갑내기 과외하기>에서 가수 예원과 배우 이태임 사이의 갈등과 욕설 논란으로 불거진 발언이다. 이 논란으로 예원과 이태임은 1~2년의 공백 기간을 가질 수밖에 없을 만큼 사회적인 파장이 컸던 사건이다. 당시에도 언론은 전후 맥락을 마음대로 편집해 '여자 연예인 사이의 기 싸움'으로 요약되는 자극적인 기사를 양산했었다. 예원의 해당 발언은 인터넷 밈(meme)으로도 만들어져 온라인상에서 여적여 프레임을 적용할 때 수시로 소환되었는데, MBC는 논란의 그 발언을 5년 만에 총선 개표방송에서 한 번 웃겨보겠다고 다시 써먹은 것이다.

반응이 어땠을까? 시청자들은 국회의원 후보의 대결을 여성 간 감정싸움으로 묘사한 것에 불쾌감을 드러내며 수백여 개의 항의 글을 게시했다. 여성들의 공적 투쟁을 사적인 갈등으로 축소해석하는 구시대적이며 여성혐오적인 프레임에 대한 반

---

10   중앙일보, "'언니, 저 마음에 안들죠' 이수진·나경원 '여적여' 만든 MBC'(2020. 4. 15.)

발이었다. 개표방송의 기획부터 전파를 타고 각 가정의 TV 수신기에 도달하기까지의 여러 단계에서 구태의연한 여적여 프레임을 걸러낼 생각을 한 관계자가 단 한 사람이라도 없었던 것인지 아니면 그런 문제 제기쯤은 가볍게 묵살해도 된다고 생각한 것인지 의문이다. MBC는 "의도는 전혀 아니었습니다만 세심하게 살피지 못해 오해를 불러일으켰던 점 사과드린다"라고 밝혔다.

대중문화 속 여적여 프레임의 폐기와 변주

변화하는 대중의 취향을 민감하게 반영해야만 살아남는 예능 프로그램은 여적여 프레임에서 빠르게 벗어나고 있다. Mnet의 댄스 서바이벌 예능 〈스트릿 우먼 파이터〉(2021)는 자칫 여자들의 기 싸움과 감정 소모로 철 지난 여적여 프레임을 다시 재현하지 않을까 하는 당초의 우려와는 달리 공개 직후부터 대중의 열렬한 반응을 얻어냈다. 쇼에 비중 있게 등장하는 참가자들은 대부분 스트릿 댄스씬에서 성장한 철저한 전문가들이다. 전문가이기에 뿜어져 나오는 당당하고 근거 있는 자신감은 이들의 경쟁에 구태의연한 시기나 질투가 개입할 여지를 주지 않는다. 드라마에서 들었더라면 듣는 사람마저 부끄럽게 만들 법한 "잘 봐, 언니들 싸움이다"라는 허니제이(정하늬)의 말도 마른침을 꿀꺽 삼키며 진지하게 새길 수밖에 없다. 우리가 알던 그 여성혐오적 여적여가 아닌 프로의 세계에서 호적수로서 맞닥뜨린 또 다른 여성 프로와의 경쟁이기 때문이다.

쇼에는 각각 5~8명으로 구성된 8개의 크루가 출연한다. 각 크루는 한 명의 리더와 나머지 팀원으로 구성된다. 8명 리더의 스타일을 살펴보면 흔히 여성 리더에게 주어졌던 '섬세한', '수평적', '감성적', '탈권위주의적' 리더십이라는 것의 허상을 깨달을 수 있다. 이때 제각각인 리더십을 하나로 꿰는 건 서로를 도와 최고의 팀이 되겠다는 목표 의식이다. '여자를 돕는 여자'라는 의미의 '여돕여'라는 말이 있다. 여적여에 대항하기 위한 조어다. 크루 훅(Hook)의 리더인 아이키(강혜인)는 쇼의 종영 후 언론사와의 인터뷰에서 "스우파에서 확실히 여돕여 역할을 했다고 생각해요. 출연 결심의 계기가 바로 여돕여였거든요"라며 출연을 결심한 계기를 밝혔다.[11]

아이키의 위 인터뷰에서 볼 수 있듯 여적여에 대항하는

---

11   한국일보, '[허스토리] "춤으로 세상의 틀을 깨부수고 싶다"… 여자를 돕는 여자, 댄서 아이키'(2021. 12. 22.) 인용한 인터뷰의 뒷부분은 다음과 같다. "다른 댄서들에 비해 저는 빨리 방송에 노출된 편이었어요. 여러 경험을 해보니 좋은 점이 정말 많고, 혼자 누리는 것이 참 아깝더라고요. 스우파라는 새로운 도전을 하는 게 두렵기도 했지만, 다른 여성 댄서들에게 조금이나마 도움이 되고 싶어 출연하게 됐습니다."

개념으로서 여돕여가 유용할 것이라는 점은 자명하다. 하지만 여돕여가 남자들의 가부장적 연대에 대한 대항마인 '자매애'의 실천 방안 정도로 제한되어서는 안 된다는 우려도 생각해 볼 문제다. 여돕여가 자매애라는 상위 개념의 행동 요강이라면, 자칫 여성들 사이에 벌어지는 갈등을 덮어버리려는 대의로 악용될 수도 있다는 우려다.

　하지만 이런 우려는 미래를 너무 멀리 내다본 때 이른 걱정 같다. 자매애에 얽매여 현실 갈등을 덮어버리는 상황을 상정하기엔 아직은 여성 사회의 다양한 갈등을 여적여 단 하나로 뭉쳐 버리는 힘이 훨씬 강력하니 말이다. 철 지난 여적여 프레임만으로 여성의 관계를 전부 설명할 수는 없다. 사람은 사람과 적대한다. 그리고 사람은 사람을 돕는다.

여성이 재산이었던 가부장제의 흔적들

아무개 씨는 우연히 이런 노래를 들었다. "대굴빡에 든 게 뭐니 bitch/ 성형빨 명품백에 심취/ … / 그년 몸매 한 번 죽이네/ 니년 별명은 내가 지어줄게/ 나이 많은 명 품걸레 어때?/ … / 널 만난 놈은 씨발 얼마나/ 좆 같겠 니 몸이나 팔아 damm"[12] 헉, 지금 내가 뭘 들은 거지.

여필종부(女必從夫)의 역사

아내는 반드시 남편을 따라야 한다는 뜻의 '여필종 부'는 남자는 높고 여자는 낮다는 뜻의 '남존여비(男尊女卑)'만큼 이나 노골적이다. 남존여비가 가부장제의 대이념이라면 여필 종부는 행동강령 정도로 생각할 수 있을 듯하다.

이념은 언제 종교화되어 신봉되나? 사회가 혼란할수록

---

12 아이돌 그룹 블락비 소속의 피오(P.O)의 'P.O volume. 1'에 수록된 <To bitch>, 여 성혐오적인 가사가 담긴 이 음악은 2016년 공개 이후 널리 알려지지 않고 조용히 덮어 졌다. 유튜브 등을 통한 검색에서는 존재하지만 국내 포털사이트에 기록된 피오의 공 식적인 작품 내역에는 누락되어 있다. 발표 당시 언론 기사도 많지 않다. 코리아데일리, '블락비 피오, 여성혐오 가사 논란 "충격적인 내용"'(2016. 2. 16.) 정도가 보인다. 피오 는 이듬해인 2017년 MBC 방송연예대상 인기상을 수상했다.

이념을 맹목적으로 추앙한다. 이념은 때때로 현실을 보는 눈을 왜곡하기 위한 구심점 역할을 하기 때문이다. 16~17세기 조선의 상황이 그러했다. 임진왜란과 정유재란 이후 피폐해진 민생은 사회질서 전반을 뿌리째 흔들었고 이에 지배층이 선택한 해결책은 사상 교육이었다. 광해군 9년(1617년)에 완성된『동국신속삼강행실도(東國新續三綱行實圖)』(이하 '행실도'라 한다)가 탄생한 배경이기도 하다.

행실도에는 여필종부의 극단적인 사례가 열거되어 있다. 가부장제 아내/며느리에게 주어지는 롤모델이다. 따라하기엔 너무 잔혹하다. 남편이 죽으면 다른 남자에게 강간당하는 걸 막기 위해 스스로 목숨을 버리고(이때 자녀가 보는 앞에서 자결하거나 젖먹이를 남겨두고 세상을 등지는 비극성이 추가되면 더욱 주목받는 롤모델이 될 수 있다), 죽은 남편 대신 시동생을 따르기 위해 피난길에 친정어머니를 버리기도 한다. 남편이 목숨을 부지하고 있는 상황에서는 자신의 손가락을 잘라 남편에게 먹이면 '열녀'라는 우상에 가까워질 수 있다.

조선 후기에는 가문에서 여인들 스스로의 처분을 요구할 명분 노릇을 할 수 있는 공적인 제도마저 마련된다. 남편이 죽었을 때 자결하면 나라에서는 열녀문을 내리고 해당 집안은 부역과 세금을 면제해준 것이다. 나라에서는 제도의 활성화를 위

해 주기적인 열녀 발굴 사업도 벌인다.[13]

서양이라고 사정이 달랐던 것은 아니다. 리들리 스콧 감독의 영화 〈라스트 듀얼: 최후의 결투〉(2021)는 중세 프랑스의 실제 사건을 다룬 작품이다.[14] 이 작품의 큰 줄기는 한때 절친한 사이였던 두 남자의 사법결투(Judicial Duel)다. 이들이 결투를 통해 해결하고자 한 사건은 바로 '강간'이다. 두 남자 사이의 성추행 사건일까? 그렇지 않다. 장 드 카루주(맷 데이먼)가 전쟁에 나간 사이 그의 아내 마르그리트(조디 코머)가 카루주의 절친한 친구인 자크 르 그리(애덤 드라이버)에게 강간을 당한다. 당시 여성은 강간의 피해자이면서도 사법절차를 개시할 수 있는 권리가 전혀 없었다. 강간은 여성의 신체와 인격에 대한 침해가 아닌, 남성의 재산권에 대한 침해 범죄였기 때문이다. 자신의 재산과 명예에 손상을 입은 카루주가 사건을 형사사법 절차에 편입시킨다. 영화는 이런 얼개에서 시작해 당사자 3명의 시각에서 바라보는 진실을 담아냈다.

오랜 기간 여성은 남성의 소유물로서 존재했다. 『동국신

<hr>

13   중앙일보, '[역지사지] 열녀'(2021. 5. 12.) 참조. 기사는 "국가의 실패는 민간에게 엉뚱한 희생을 강요하는데, 열녀 만들기는 최악의 사례로 꼽힐 만하다"라고 마무리한다.

14   프랑스 파리 고등법원의 공식적인 허가를 받은 최후의 사법결투라고 한다. 원작은 에릭 제거(김상훈 역), 『라스트 듀얼』(2021, 오렌지디)

속삼강행실도』와 〈라스트 듀얼: 최후의 결투〉는 과거의 일일 뿐일까? 이렇게까지 극단적인 남존여비와 여필종부는 적어도 우리 사회에서는 사라진 것 같다. 하지만 그 흔적은 비교적 최근까지 남아있었다. 부부 사이에는 강간이 성립할 수 없다는 법리가 폐기된 게 불과 9년 전이다. 강압적인 성관계라도 그것이 법률상 남편에 의한 것이라면 범죄가 되지 않는다는 법리였다. 아내는 남편과의 성적인 관계에서 독립적인 인격체로서 성적 자기결정권을 온전히 행사할 수 없다는 뜻이다.

　　대법원은 오랜 기간 '실질적 부부관계로 볼 수 없을 만큼 관계가 파탄 난 상태여야' 비로소 법적인 남편의 아내에 대한 강간을 인정해 처벌해왔다. 내가 법과대학에 입학해 사법시험을 준비하면서 가장 이해하기 힘든 법리 중 하나였다. 이런 법리가 수년 후 사법연수원을 수료하고 변호사로 사회에 진출하고도 몇 년이 흐른 후에야 완전히 폐기된다. 2013년 5월 대법원 전원합의체는 강간죄의 대상인 '부녀'[15]에 법률상 아내는 포함되지 않는다는 기존의 판례(대법원 1970. 3. 10. 선고 70도29 판결)를 변경했다. 이로 인해 혼인 관계가 정상적으로 유지되고 있는 법률상의 아내와 강압적인 성관계를 맺은 남편도 강간죄로 처

15　현행 형법은 강간죄의 대상을 '사람'으로 명시하고 있다(형법 제297조 폭행 또는 협박으로 사람을 강간한 자는 3년 이상의 유기징역에 처한다). 개정 전에는 '부녀'로 한정했다.

벌할 수 있게 되었다.[16]

아내의 성적 자기결정권이 오랜 기간 부정되어 온 것은 바로 여성을 남성의 소유물로 여겨온 가부장제의 끈질긴 망령 때문이었다. 성범죄 언론 기사에 '네 딸도 당해봐야 정신 차리겠냐', '저놈 마누라도 똑같이 당하길 빈다'라는 댓글이 달리는 것도 마찬가지다. '눈에는 눈, 이에는 이'의 동해보복을 통해 정의를 구현하겠다는 것. 바로 여성 인격의 독립성을 배제하는 사고방식의 잔재다.

대중문화에 남아있는 가부장제의 흔적들

호주제도 폐지되었고 아내도 강간죄의 대상이 되었다. 공적인 영역에서 남녀 차별적인 요소를 걷어내려는 시도는 지금도 계속되고 있지만 적어도 큰 줄기는 잡아낸 것으로 보인다. 이런 제도와 법리의 변경은 차라리 간편한 일로 느껴진다. 대중문화 속 깊게 뿌리 박혀 바꿀 길 요원한 편견에 비하면 말이다.

여성이 물건에 비유되는 가장 대표적인 대중문화적 현상

---

16   하급심에서는 2004년 최초로 부부간의 강제추행죄가 인정된 바 있다. 부부 사이의 강간을 인정한 첫 하급심 판결은 2009년 등장한다. 매우 예외적인 판결로서 당시에는 '혁명적'이라는 평가를 받을 정도였다.

은 바로 '트로피 와이프'가 아닐까 생각한다. 트로피 와이프는 1989년 미국의 종합 경제지 포춘이 커버스토리에서 보도한 신조어다. 사회·경제적으로 성공한 중장년 남성들이 몇 차례의 결혼 끝에 마치 부상(副賞)으로 트로피를 받듯이 젊고 아름다운 전업주부, 즉 아내를 얻는다는 뜻에서 이런 명칭이 생겼다.[17] 여성이 상으로 주어진다는 것인데 단어 자체에서 노골적으로 물건과 여성을 연결하고 있다.

이후 트로피 와이프는 의미가 확대된다. 중년 남성이 아니라고 하더라도 권력이 있거나 돈이 많은 남자는 자신의 취향에 맞는 여성을 골라서 옆에 둘 수 있다. 이 서사에서 여성은 수동적인 존재로 머문다. 밋밋한 서사를 조금 더 재미있게 만들기 위해 여자들에게 욕망을 부여해 스토리의 활력을 불어넣기도 한다. 잘난 남자를 욕망하는 맹목적인 존재로 말이다.

대중문화는 이를 교묘히 파고든다. 웹툰에는 여성을 남성 권력에 대한 보상이나 소유가 가능한 객체로 묘사한 장면이 넘쳐난다. 웹툰 〈인생존망〉(2019~2020) 제42화에서 주인공 장안철은 짝사랑하던 여성에게 남자친구가 생겼다는 이야기를 들

---

17 두산백과 '트로피 와이프', 서울경제, '[만파식적] 트로피 와이프'(2021. 3. 8.) 참조. 잘난 남자가 아름다운 여인을 얻는다는 클리셰는 사실 '공주를 구한 용사'로부터 비롯한 각종 히어로 무비의 원형과도 같다. 이런 틀에서 벗어나려는 시도는 필 조스턴, 리치 무어 감독의 〈주먹왕랄프2: 인터넷 속으로〉(2018), 홍성호 감독의 영화 〈레드슈즈〉(2019) 등에서 활발히 이루어지고 있다.

고 분노한다. 작품에서 남자주인공은 "누나 내놔", "누나를 돌려받는다" 같은 대사를 쉴 새 없이 내뱉는다. 다른 에피소드에서는 "감히 주인공의 히로인을 뺏어가? 이 악당 같은 ㅅㄲ…"라고도 말한다. 일상에서 흔히 사용되는 표현법이라고 웃어넘기기에는 여성 캐릭터를 자신의 소유물 취급하는 이런 설정과 장면이 지나치게 자주 반복된다는 점에서 뒷맛이 개운치 못하다.

웹툰 〈내 ID는 강남미인〉(2016~2017) 제31, 32화는 트로피 와이프를 비판적인 시각으로 묘사한다. 해당 회차는 남자주인공 도경석의 어머니인 나혜성의 과거 이야기다. 트로피 와이프가 된 여성과 그를 둘러싼 환경에 대한 클리셰의 집대성이라 할 만큼 전형적이다. "그런 말도 있잖아. 여자가 예쁜 건 고시 3관왕과 같다고", "여자가 꽃이라면 혜성 씨는 제가 본 꽃 중에 제일 아름다워요", "네가 젊고 예쁠 때 잡을 수 있는 최고의 남자야, 혜성아", "남자들은 회식도 일이야. 그러니까 당신이 일 그만두고 집에 있으면 좋잖아?", "당신 애들 낳고 살찐 거 아직 그대로야.", "어리고 예쁜 걸로 나랑 결혼한 거잖아, 당신? 이제 어리지도 않으면서 얼굴까지 망가지려고?", "당부하는데, 여자로서의 가치를 잃지 마" 따위의 발언을 듣는 나혜성은 급기야 남편의 폭력으로 두부(頭部) 손상을 입고 후각을 잃는다. 조향사로서 커리어를 이어가던 중 생긴 비극이다. 결국 나혜성은 남편과 이혼하고 주인공인 도경석은 아버지의 세뇌로 어머니와의 만남을 거부한 채 성장한다.

　　가부장제에서는 남성들만 여성을 '꽃'으로 만드는 것은 아니다. 여성들도 스스로 '꽃'이 되고자 한다. "여자라면 누구나 노출을 원해요/ 여자라면 한 번쯤 다이어트를 하네요/ 여자라면 분명히 사랑받길 원해요/ 꿈속의 왕자님은 분명히 나타날 거예요/ (먹고 싶은 것도 참고) 독하게 살아가/ (아픈 것도 모두 참고) 난 예뻐질 거야"[18]라는 노래 가사 속 여성의 욕망은 스스로 트로피가 되고자 하는 수준에 머문다.

　　여성을 남성에 종속된 재산 또는 물건으로 보는 큰 틀은 여성의 상품화와도 연결된다. 현대 대중문화에서 여성의 상품화는 가부장제라는 큰 맥락에 의해 강요된 것이라기보다는 오히려 여성이 직접 자신의 매력을 경제적으로 활용하는 주체적인 모습으로 보이기도 한다. 이런 일면 때문에 여성이 자신을 상품화하다가 범죄 피해자가 되어버리는 때에는 꼼짝없이 꽃뱀 프레임을 뒤집어쓰기도 한다. 2018년 서울 마포구 합정동의 스튜디오에서 벌어진 감금·강제 촬영 등 성범죄 사건의 경우가

18　효민, <Nice Body(With 로꼬)> 수록앨범 Make Up(2014. 6. 30.)

그러했다.[19] 피해자를 물건처럼 이리 돌리고 저리 돌리며 온몸을 촬영했던 가해자들이 피해 여성들을 과연 '인간'으로 생각했을까? 성적인 노리개 정도로 생각했음이 분명하다. 그런 생각의 근원이 어디에 있을까. 여성을 남성의 재산으로 여겨 온 뿌리 깊은 남존여비, 여필종부 사상에서 비롯한 것이 아닐까. 21세기 대중문화가 아직도 그 낡은 사상의 뿌연 잔재들을 날리고 있지는 않은지 주의 깊게 살펴볼 일이다.

19   서울신문, '[단독] '양예원 강제추행·사진 유포' 40대 징역 2년 6개월 확정'(2019.
8. 8.)

5장

아무개 씨는 **비장애인입니다**

아무개 씨는 건강하다. 일상생활에 불편이 없는 게 건강이라면 그렇다. 그래서 장애라는 문제에 대해서는 특별히 깊게 생각하지 않는다. 축구를 하다 넘어져 발목부터 무릎까지 깁스를 하기 전까지는 말이다. 익숙하지 않은 목발을 쓴다. 빌딩 출입문은 대체 왜 이렇게 무거울까. 누구 하나 문을 잡고 기다려 주지 않는다. 유모차를 끌며 문손잡이를 잡고 쩔쩔매는 아이 엄마와 함께 고군분투한다. 맛집 입구의 수많은 계단도 이제야 눈에 띈다. 아무개 씨는 갑자기 장애 문제에 눈을 뜬다! 장애인 이동권부터 시작해 정신장애인 문제 등 관심을 넓혀 나간다. 아, 대한민국 장애인들은 정말 힘들게 사는 비주류 소수자였구나! 시간이 흘러 깁스를 푸는 날이 왔다. 깁스를 풀고 계단을 오르내리고 신나게 뛰어놀다가… 장애 문제도 서서히 잊어버렸다.

순수한 동네 바보 형일까, 하늘이 내린 천재일까

아무개 씨가 TV를 켠다. 발달장애인이 등장한다. 발달
장애인이 무슨 뜻인지 정확히 설명은 어렵지만 무언가
인지능력이 불완전한 사람이라는 건 배우들의 연기만
보아도 알 수 있다. 백치 상태에 가까운 순수함! 지켜주
고 보호해줘야 할 것 같다. 그런데 이런 나의 착한 마음
조차 불편하다는 사람들이 있다. 뭐가 문제인 걸까.

대중문화가 그리는 발달장애인[1]의 모습

한동안 '동네 바보 형'이라는 말이 유난히 유행했던
적이 있다. 2008년쯤으로 기억한다. 대중문화 콘텐츠 속 바보
묘사는 유구한 역사를 지니고 있다. 하지만 1990년대 심형래의

---

1   서울아산병원 홈페이지(www.amc.seoul.kr)의 '질환 백과'에 나오는 '발달장애
(developmental diability)'의 정의는 다음과 같다. "발달장애란 어느 특정 질환 또는 장
애를 지칭하는 것이 아니라, 사회적인 관계, 의사소통, 인지 발달의 지연과 이상을 특징
으로 하고, 제 나이에 맞게 발달하지 못한 상태를 모두 지칭합니다. 언어, 인지, 운동, 사
회성 등이 또래의 성장 속도에 비해 크게 느려서 실생활에서 활용할 수 있는 자조 능력
이 떨어집니다. 발달장애를 진단하는 데는 사회성 문제가 가장 중요합니다. 발달 수준
은 시간이 지나면서 변할 수 있고, 또래와 비교하기 때문에 상대적일 수 있습니다."

'영구', 이창훈의 '맹구'와 이를 계승한 2000년대 초반 심현섭의 '맹구' 이후 바보는 한물간 캐릭터 취급을 받으며 별 인기를 끌지 못했다. 그러다가 MBC 예능이 개그맨 정준하를 통해 어딘가 모자란 캐릭터를 부활시킨 것이다.[2] 그땐 너도나도 주변에 있는 어수룩하지만 착한 친구에게 '동네 바보 형'이란 별명을 붙여줬다.

지적 능력이 불완전하면서 순수한 마음을 지닌 인물은 TV와 스크린에서 끊임없이 재현된다. 정윤철 감독의 영화 〈말아톤〉(2005)은 자폐 스펙트럼 장애가 있는 주인공 초원(조승우)의 성취를 다뤄 큰 반향을 일으켰다. 영화를 보지 않은 이라도 "초원이 다리는 백만 불짜리 다리, 몸매는 끝내줘요"라는 대사를 알 정도였다. 2013년 개봉한 이환경 감독의 영화 〈7번방의 선물〉은 6살 지능의 지적장애인 용구(류승룡)가 주인공이다. 용구는 선량하고 순수하지만 안타깝게 살인 누명을 쓴 남자다. 배우 류승룡의 지적장애 연기에 무려 1,200만 명의 관객이 울고 웃었다! 같은 해 개봉한 장철수 감독의 〈은밀하게 위대하게〉는 어떤가? 간첩 영화인데 주인공이 지적장애인이다. 정확히는

---

2 방송인 정준하는 MBC 예능 〈브레인 서바이벌〉(2002~2005)에서 바보 캐릭터로 큰 인기를 얻었다. MBC 〈무한도전〉(2006~2018)에서도 역시 높은 인기를 얻었다.

동네 바보로 위장한 남파 간첩이다. 그러니까 주연배우 김수현은 엘리트 간첩을 연기하면서 그 간첩이 동네 바보를 연기하는 것을 또 연기한다! 그가 이중으로 연기하는 바보는 어떤가. 돌팔매에 맞아도 '헤헤' 웃는 무해한 존재다.

2020년 tvN에서 방영한 드라마 〈사이코지만 괜찮아〉에는 자폐 스펙트럼 장애를 가진 캐릭터 문상태(오정세)가 등장한다. 이를 다루는 여러 뉴스 기사 제목을 보자. 한국경제 "사이코지만 괜찮아' 오정세, 자폐 스펙트럼 가진 '순수 결정체'"(2020. 6. 21.), 스포츠경향 "사이코지만 괜찮아' 오정세, 자폐 스펙트럼 가진 '순수 결정체' 캐릭터 문상태로 변신'(2020. 6. 21.) 등이다. 이렇게 발달장애인은 미디어 속에서 순수함이라는 공통분모로 한 데 엮인다.

선량하고 순수하다는 말 그 자체를 불쾌해할 필요는 없을 것 같다. 문제는 발달장애인의 순수한 이미지가 인지능력이 정상치에 미치지 못한다는 사실을 전제하고 있다는 점이다. 발달장애인은 모자라서 착한 걸까? 이런 오해는 대중매체가 발달장애인 개개인의 특성을 무시한 채 그들을 하나의 집단으로 치환해 정형화된 특성을 추출하려는 데 원인이 있다.

발달장애라는 카테고리 속 지적장애인과 자폐성장애인

2015년부터 시행된 「발달장애인 권리보장 및 지원에 관한 법률」은 '발달장애인'을 '지적장애인'과 '자폐성장애인'으로 나눈다.[3] 지적장애와 자폐성장애는 발달장애라는 같은 중분류에 포함되지만 엄연히 별개의 장애 유형이다. 이런 분류를 모르면 지적장애와 자폐성장애 모두를 '무엇인가 지능이 모자란 것' 정도로 뭉뚱그리기 쉽다. 그러니 대중매체가 발달장애인 이미지를 정형화하는 데는 나름의 이유가 있었던 셈이다. 이유라고 해봐야 '몰라서 그런 거다' 정도지만 말이다.

1988년 우리나라에 최초로 장애인 등록제도가 생겼을 때 장애 유형은 지체장애, 시각장애, 청각장애, 언어장애, 지적장애 이렇게 5종이었다. 2000년에 뇌병변장애, 자폐성장애, 정신

---

3   「발달장애인 권리보장 및 지원에 관한 법률」(약칭: 발달장애인법)
제2조(정의) 이 법에서 사용하는 용어의 뜻은 다음과 같다.
1. "발달장애인"이란 「장애인복지법」 제2조제1항의 장애인으로서 다음 각 목의 장애인을 말한다.
　가. 지적장애인: 정신 발육이 항구적으로 지체되어 지적 능력의 발달이 불충분하거나 불완전하여 자신의 일을 처리하는 것과 사회생활에 적응하는 것이 상당히 곤란한 사람
　나. 자폐성장애인: 소아기 자폐증, 비전형적 자폐증에 따른 언어 · 신체표현 · 자기조절 · 사회적응 기능 및 능력의 장애로 인하여 일상생활이나 사회생활에 상당한 제약을 받아 다른 사람의 도움이 필요한 사람
　다. 그 밖에 통상적인 발달이 나타나지 아니하거나 크게 지연되어 일상생활이나 사회생활에 상당한 제약을 받는 사람으로서 대통령령으로 정하는 사람

장애, 신장장애, 심장장애 5종이 추가된다. 그리고 2003년에 호흡기장애, 간장애, 안면장애, 장루·요루장애, 뇌전증장애 이렇게 5종이 또 추가된다.

무슨 의미일까? 2000년 이전에는 자폐성장애라는 개념이 의학적으로는 존재하지만 제도적·정책적으로는 존재하지 않았다는 뜻이다. 2000년 이전에 자폐성장애와 지적장애를 모두 가진 사람은 지적장애로나마 장애인 등록이 가능했지만, 지적 능력이 비장애인과 별다른 차이가 없는 이른바 '고기능 자폐 스펙트럼'에 속하는 이들은 장애등록을 할 길이 없었다. 제도의 공백으로 장애등급을 받을 수 없는 이들이 별다른 정책적 지원 없이 비장애인들과 같은 조건으로 학교생활이나 군(軍) 복무를 하며 큰 어려움을 겪었을 것이라는 점은 충분히 상상할 수 있다. 이렇게 자폐성장애가 지적장애와 제도적으로 분리된 것이 불과 20년 전이다. 그러니 그간의 발달장애인에 대한 획일적 묘사는 어느 정도 이유가 있었다고 볼 수도 있겠다.

대중문화가 주목하는 자폐 스펙트럼 장애

요즘 대중문화 콘텐츠는 발달장애 중 특히 자폐성장애에 관심이 많은 것 같다. 2000년 장애 유형에 정식으로 추가된 이후로 20여 년의 시간이 흘러 이제는 비장애인들도 어느 정도는

지적장애와 자폐성장애의 개념을 구분하고 자폐성장애의 특징
이 대중문화 콘텐츠 내에서 활용도가 높다는 점을 깨달았기 때
문이다. 게다가 자폐성장애의 정도는 사람마다 그 차이가 크기
때문에 아주 다양한 캐릭터를 만들어낼 수도 있다. 개인차가 크
기 때문에 법률상 자폐성장애를 의학적으로는 '자폐 스펙트럼
장애(Autism Spectrum Disorder)'라 부른다. 스펙트럼이라는 말에
서 알 수 있듯이 경한 정도에서 중한 정도까지 연속성이 있다.
극과 극 사이에 무수히 많은 캐릭터가 존재할 수 있는 셈이다.

    자폐 스펙트럼 장애는 그 정도의 차이에도 불구하고 기본
적으로 타인과 소통이 어렵다는 공통적인 특징을 갖는다. 의학적
으로는 전두엽의 발달이 충분히 이루어지지 않기 때문이라고 분
석한다. 반면 측두엽과 후두엽은 크게 발달해 시각적·청각적 능
력이 뛰어난 경우가 종종 있다. 대중문화 콘텐츠는 이런 특별한
능력에 관심을 보인다.[4] 국내에 소개된 자폐 영화의 효시라 할 수
있는 배리 레빈슨 감독의 〈레인 맨〉(1988)에서는 자폐성장애인
인 레이먼(더스틴 호프먼)이 놀라운 암기력으로 카드 게임에서 큰
돈을 딴다. 권형진 감독의 영화 〈호로비츠를 위하여〉(2006)에

---

4   서번트 증후군(Savant syndrome)이라고도 한다. 자폐, 뇌손상 등으로 인한 정신질
환이 있는 사람이 기억, 계산 등 특정 영역에서 매우 우수한 능력을 나타내는 경우를 뜻
한다. 자폐성장애인 중 극소수가 이에 해당한다. 2013년 KBS에서 방영한 드라마 <굿
닥터>의 박시온(주원)이 자폐성장애와 서번트 증후군으로 인해 천재성을 띄는 의사로
묘사된다. <레인 맨>과 <호로비츠를 위하여>의 자폐성장애 환자도 마찬가지이다.

서는 피아노 연주에 천부적인 재능을 보이는 자폐 아동이 등장한다.

이들의 능력이 '신기한 재주가 겸비된 감동 스토리' 정도로 소비되는 건 아쉽다. 현실에서 발달장애인의 능력은 비장애인과 비교해 얼마나 인정받을 수 있을까? 아무래도 동등한 인정은 어려울까? 이런 편견에 의문을 던진 영화가 바로 2019년 개봉한 이한 감독의 〈증인〉이다. 살인사건의 유일한 목격자가 자폐성장애인이다. 발달장애인은 증언능력이 있을까? 그의 증언을 믿어도 될까? 이런 의문이 영화의 가장 큰 줄기다.

주인공 순호(정우성)는 그가 소속한 대형 로펌의 대표변호사가 자신의 이미지 세탁을 위해 자임한 국선변호 형사사건의 담당 변호사가 된다. 살인사건 피고인의 유죄를 입증하기 위한 검찰 측의 유일한 방법은 자폐성장애인 지우(김향기)의 증언뿐이다. 무죄 판결을 받아내 본인의 능력을 증명하고자 하는 순호는 지우를 법정에 세우려 한다. 자폐성장애인이 본인이 목격한 바를 온전히 이해하고 증언할 수는 없을 것이라 여긴 순호는 굳이 쇼를 연출할 생각도 없다. 그냥 증인이 자폐성장애인이라는 사실을 보이기만 해도 그 자체로 지우의 증언에 신빙성이 없다는 판결을 이끌어 낼 수 있다고 생각한다.

하지만 순호는 지우를 만나면 만날수록 지우가 믿을만한

증인이라는 사실을 깨닫는다. 지우는 아주 작은 소리도 들을 수 있고 시각적·청각적 정보를 기계처럼 정확히 기억할 수 있다. 결국 순호는 자신의 편견과 세상의 편견을 만천하에 드러내며 지우가 법정에서 진실을 증언할 수 있도록 도와준다.[5] 자폐성 장애인의 증언으로 실체적 진실이 밝혀진 것이다.

영화는 자폐성장애인의 놀라운 청각적 능력을 바탕으로 그들도 제도권 내에서 제 역할을 다 할 수 있는 존재라는 점을 상기시킨다. 그런데 발달장애인이 놀라운 능력을 단 하나라도 갖고 있지 않으면 어떻게 하나? 감각이 예민한 건 맞지만 그게 별 쓸모가 없다면? 그런 사람도 증언을 할 수 있을까? 이 영화를 둘러싼 수많은 언론 보도들이 꼽은 핵심 주제 의식은 하나같이 '자폐성장애인도 증인이 될 수 있을까'였다.

나는 애당초 그 질문에 문제가 있다고 생각한다. 놀라운 능력이 없는 발달장애인도 증인이 될 수 있다. 진술 내용이 조리에 맞고 왜곡된 정황 없이 일관되면 증거로서 신빙성이 부여된다.[6] 증인이 비장애인이라 하더라도 신빙성이 부정될 수 있

---

5   실제 사건에서 이렇게 의뢰인(영화에서는 살인사건 피고인)이 나를 속였다는 사실을 알게 된 변호사는 사임을 하거나 아니면 알면서도 계속 의뢰인에게 유리한 변호를 한다. 영화처럼 '무죄를 주장하던 나의 의뢰인이 사실은 유죄'라는 걸 공개 법정에서 만천하에 드러내는 일은 적어도 필자가 아는 사건 중에는 존재하지 않는다. 변호사의 법률상 비밀준수의무 위반이기 때문이다. 성실의무 위반도 문제될 수 있다.

6   「형사소송법」 제146조(증인의 자격) 법원은 법률에 다른 규정이 없으면 누구든지 증인으로 신문할 수 있다.

고 장애인이라 하더라도 신빙성이 인정될 수 있다. 이건 순전히 진술 그 자체의 문제일 뿐 장애의 문제가 아니다.

　　대놓고 발달장애인을 희화화하거나 부정적으로 묘사하는 콘텐츠는 눈에 띄게 줄어들었다. 이제 발달장애인은 순수한 아이 같은 사람, 어머니의 희생, 감동 서사, 천재적인 능력 등 일견 긍정적으로 보일 수 있는 이미지로 정형화되고 있다. 발달장애인은 한 덩어리로 묶일 수 있는 균질한 집단이 아니다. 착한 동네 바보 형과 하늘이 내려준 천재의 전후좌우에는 무수히 많은 사람이 살고 있다.

이에 따라 피해자인 자폐성장애인 진술의 신빙성을 인정한 사례와 만3세 유아가 한 진술의 신빙성을 인정한 사례 등 얼핏 인지능력이 부족할 것으로 여겨지는 이들의 증언이 유효하게 인정된 판결이 많다. 법원은 이미 장애나 나이를 떠나 진술 자체의 신빙성만을 판단해오고 있다. "자폐아도 증인이 될 수 있을까" 따위의 헤드라인은 발달장애인에 대한 편견을 그대로 드러내는 무신경하고 무례한 카피라고 생각한다.

사람입니다, 시한폭탄 아닙니다

요즘 뉴스는 정신이상자의 범죄 사건들로 흉흉하다. 평소 별생각이 없던 아무개 씨도 헤드라인에 '조현병'이라고 떡하니 써 놓은 기사를 읽고는 새로운 문제의식이 생겼다. 아니, 저렇게 예측 불가능한 사람들이 밖으로 자유롭게 돌아다니면 어떻게 해? 재판을 받는다 해도 또 심신상실이나 심신미약으로 풀려나겠지? 진짜 반대다.

조현병 환자를 잠재적 범죄자로 선동하는 언론

조현병은 약 10년 전까지는 '정신분열병'으로 불렸다. 용어가 주는 낙인 효과가 심해서 명칭을 바꿨다. 간질도 같은 이유로 '뇌전증'으로 바꿨다. 흔히 우리가 이중인격 또는 다중인격이라고 말하는 정신질환도 공식적으로는 '해리성 정체감 장애'이다. 그런데 대중에게는 뇌전증이나 해리성 정체감 장애보다는 조현병이라는 말이 훨씬 익숙한 듯하다. 당연하다. 조현병이라는 세 글자를 헤드라인에 배치한 강력 범죄 보도가 쏟아져 나오기 때문이다.

국가인권위원회는 한국조현병회복협회와 공동으로 정신장애인에 대한 차별과 편견을 초래하거나 혐오를 조장할 우려가 있는 기사와 콘텐츠를 조사해 2021년 12월 그 결과를 발표했다. 문제가 된 뉴스 기사의 제목은 '조현병 환자 '사이코패스' 성향 막으려면…', '시한폭탄이 되어버린 조현병 환자', '조현병 환자 흉기난동… 3명 부상' 등이었다. 나아가 조현병이나 정신질환자의 범죄를 다룬 기사에는 칼을 들고 서 있거나 검은 마스크를 쓴 사람의 사진 또는 일러스트가 게재된 경우도 많았다. 이는 조현병 환자를 잠재적인 범죄자로 낙인찍는 보도다.[7]

알다시피 조현병은 환청이나 환시, 망상을 동반할 수 있다. 유병률은 1%로 100명 중 1명은 일생에 걸쳐 한 번은 겪을 수 있다. 파킨슨병, 다발경화증, 알츠하이머병이 뇌의 병인 것처럼 조현병도 뇌 질환이다.[8] 당사자의 의지만으로는 어찌할

7 국가인권위원회 홈페이지(www.humanrights.go.kr) 활동소식 → 보도자료(2021. 12. 2.) 및 경향신문, '조현병 '잠재적 범죄자' 낙인찍는 뉴스 그만… 인권위, 정신장애인 언론 모니터링 결과 발표'(2021. 12. 2.) 참조. 한편 MBN의 뉴스 보도는 방송통신위원회의 행정지도를 받기도 했다. '잠재된 시한폭탄 조현병 범죄… 의사 없이 경찰이 판단?'(2021. 5. 24.) 등이 문제 되었다.

8 E. 풀러 토리(정지인 옮김), 『조현병의 모든 것』(2021, 푸른숲)은 정신의학자이자 조현병 및 양극성 장애의 세계적인 권위자인 저자의 35년 연구 결과를 집대성한 책이다. 일반인을 대상으로 한 국내 출판 조현병 서적 중 가장 많은 정보를 담고 있다고 생각한다. 나는 앞으로 조현병은 충분히 관리 가능한 하나의 만성질환이라는 사실을 전제로 글을 전개해 나갈 예정인데, 이 전제의 진위를 구체적으로 검증해 보고 싶다면, 『조현병의 모든 것』을 그 연구의 시작으로 삼으면 좋을 것 같다.

수 없는 '몸의 병'인 것이다. 술을 많이 마셔서 생긴 간 질환이나 담배를 많이 펴 생긴 폐 질환처럼 당사자의 일부 잘못을 찾을 수 있는 병도 있다. 하지만 조현병은 그렇지 않다. 발병에 대한 환자의 기여를 찾기 어려운 운 나쁜 병이다. 알츠하이머처럼 말이다. 그런데도 사람들은 병이 아닌 '환자'를 비난한다. 대중의 이런 태도는 언론의 자극적 보도에 상당 부분 책임이 있다.

정신장애인에 대한 편견과 혐오를 거드는 드라마·영화

드라마와 영화는 재미를 무기로 혐오를 양산하곤 한다. SBS 드라마 〈황후의 품격〉(2018~2019)은 극 중 테러가 발생하자 배우가 "테러범은 조현병 환자였습니다. 망상에 빠져 폐하를 공격한 모양이에요"라고 말한 장면이, 같은 방송사의 드라마 〈여우각시별〉(2018)에서는 조현병 환자가 복용해야 할 약을 두고 인천공항 출국장 안으로 들어간 상황에서 남자주인공이 "상대는 조현병으로 의심되는 환자고, 무슨 상황이 벌어질지 몰라요. 혼자 떨어지지 마세요"라고 여주인공에게 말하는 장면이 등장한다. 이 두 드라마 모두 방송통신심의위원회의 행정지도를 받았다.

또 다른 예를 찾는 건 어렵지 않다. OCN 드라마 〈보이스 시즌2〉(2018)에서는 조현병 환자가 폭탄을 제조하고 그것을 몸에 두른 뒤 지하철에서 사람들을 위협했다. 조현병은 증상이 심할 때는 간단한 덧셈 뺄셈에도 곤란을 느끼는데, 과학기술을 집약한 폭탄 제조라니… 어불성설이다.[9] 폭탄 테러는 조현병 그 자체와는 관련이 없다. 그냥 그 사람이 테러범인 것이다. 굳이 테러범을 조현병 환자로 설정하는 건 배역을 조금 더 '미친 놈'으로 만들려는 얄팍한 의도다.

　　조현병은 만성질환으로서 적절한 치료를 받는다면 평범한 일상생활이 가능하다. 언론의 과도한 관심은 침소봉대에 가깝다. 2021년 12월 법무부가 공표한 「범죄분석」 통계 자료에 의하면 전체 범죄인 중 정신장애인의 비율은 0.6%다. 이 통계의 '정신장애인'이라는 분류는 '정신이상', '정신박약', '기타 정신장애'라는 세 소분류를 모두 합한 것이니 실제로 조현병 환자가 저지르는 범죄의 수는 아주 미미할 것이다. 대한신경정신의학회는 전제 범죄 중 조현병 환자에 의한 범죄율은 0.04%에 불과하다고 밝힌다.[10] 대중문화 콘텐츠는 이런 맥락은 소거한 채 조현병 환자에 대한 기존의 편견을 극의 긴장과 재미를 더하는 요소로만 이용하곤 한다.

9　정신장애인이 주체가 된 미디어 마인드포스트의 기사 '우리는 고발한다. 조현병 겨냥해 제거 이데올로기 양산한 OCN 드라마 보이스2의 허구를… "도대체 우리가 무엇을 그렇게 잘못한 것일까?"'(2018. 8. 12.) 참조

10　중앙일보, '전체 범죄 중 조현병 환자 범죄 비율은 0.04%'(2018. 7. 10.)

그 와중에 문제의식을 갖고 편견을 극복하기 위한 작품이 나오기도 한다. 과연 사회에 미치는 영향이 당초의 선한 의도에 부합하는지는 별개의 문제지만 말이다. KBS가 투자·제작한 홍은미 감독의 스릴러 영화 〈F20〉(2021)이 그 예이다. F20은 조현병에 대한 한국표준질병사인분류(KCD)의 코드다. 질병분류 코드를 그대로 제목으로 삼을 만큼 이 영화는 조현병이라는 질병을 영화 전면에 내세운다.

애란(장영남)은 보험설계 일을 하며 아들을 키워낸 싱글맘이다. 아들 도훈(김강민)이 서울대에 입학한 덕분에 아파트 단지 중 임대 세대에 살고 있음에도 불구하고 유일하게 분양 세대 모임에 낄 수 있다. 명문대생 아들은 애란의 삶의 이유이자 원동력이다. 너무나 자랑스럽고 소중한 아들! 그런데 도훈에게 정신장애가 생긴다. 조현병이다. 날벼락이 따로 없다. 절망에 빠진 애란에게 같은 처지의 경화(김정영)가 도움의 손길을 내민다. 경화도 조현병 아들을 키우는 싱글맘이다. 미리 혼란을 겪은 경화는 선배로서 애란의 기둥이 된다. 하지만 이들의 관계는 어느 정도 거리두기가 가능할 때에만 유지될 수 있었다. 경화가 애란이 사는 아파트로 이사를 오자 애란은 경화로 인해 도훈의 조현병이 주민들에게 밝혀질까 공포에 사로잡힌다.

"근데, 저 집 아들. 조현병이래!", "그죠, 말만 들어도 소름 돌죠? 아니, 곱게 미치는 정신병도 많은데 왜 하필 그런거래. (몸서리)" 이는 경화의 아들을 두고 주민들이 나눈 말이다. 이 말을 듣고도 애란은 단 한 마디 응수도 못한다. 경화의 아들에게 찍힌 낙인이 아무리 부당해도 그 낙인이 내 아들에게도 찍힐까 두려울 뿐이다. 이런 두려움에 휩싸인 애란은 경화를 멀리하고 환청을 듣더니 급기야 경화의 입을 막으려 그녀를 살해하고 만다. 영화의 마지막은 경찰에 끌려가는 애란을 지켜보는 주민의 중얼거림으로 끝난다. "누가 알겠어. 우리 중에 누가 또 미쳤는지, 미쳐가고 있는지…."

영화는 전체적으로 당초의 의도를 살리지 못하고 실패했다는 평을 받는다. 개봉 직후 이 영화가 조현병 환자와 가족들의 인권을 침해한다는 주장이 청와대 국민청원에 등장했고 한국정신장애인연합회와 장애인차별금지추진연대 등 13개 단체가 국가인권위원회에 진정을 제기했다. 여러 의사와 심리학자뿐만 아니라 영화평론가들도 이 영화가 스릴러로서의 문법에만 충실한 나머지 오히려 조현병 환자에 대한 낙인을 강화했다는 의견을 밝혔다. 실제 조현병 환자들이 받는 차별 중 영화에서와 같은 직설적이고 모욕적인 언사만이 문제인 것처럼 오도될 수 있고, 조현병 환자뿐만 아니라 그 보호자도 파괴적인 인물이 될 수 있다는 불안을 공고히 할 뿐이라는 의견이다. 몇몇 '불편러'

들의 문제제기 수준이 아니었다. 결국 KBS는 텔레비전으로도 방송하기로 했던 당초의 계획을 철회했다.[11, 12]

심신장애로 인한 형의 감경과 연결된 민감한 문제

정신장애인에 대한 도를 넘어선 공포는 그들이 간혹 강력범죄를 저지르고도 심신상실 또는 심신미약을 이유로 무죄나 가벼운 형을 선고받는 데서 비롯하기도 한다.[13] 여기엔 두 가지 오해가 있다. 심신상실이나 심신미약은 오로지 정신장애가 있다는 사실 그 하나만을 고려하는 게 아니다. 전반적인 병증을 가지고 있는지가 중요한 게 아니라, 범죄행위 딱 그 시점에 사

---

11 개인적으로는 이 영화를 보며 조현병에 대한 편견 외에 여성혐오적인 클리셰도 보였다. "내가 (혼자서) 널 어떻게 키웠는데"라며 절규하는 싱글맘의 모습과 쑥덕대고 소문을 퍼뜨리고 지나치게 사교육에 집착하는 주요 등장인물이 예외 없이 여성들로 구성되어 있는 점 등을 의식하지 않을 수 없었다. 조현병에 대한 광기에 대한 편견을 다루려고 갖은 종류의 다른 편견까지 끌어모은 느낌이었다.

12 조현병에 대한 이해를 높이는 좋은 작품들도 존재한다. 론 하워드 감독, 러셀 크로우 주연의 <뷰티풀 마인드>(2001)는 수학자 존 내쉬의 실화를 기반으로 한 영화다. 조현병에 대한 묘사와 가족들의 대처가 비교적 현실을 잘 반영한 수작으로 평가받는다. 제74회 미국 아카데미와 제59회 골든 글로브에서 작품상을 받는 등 수상 내역도 대단하다. 국내 드라마 중에는 SBS의 <괜찮아, 사랑이야>(2014)가 대한조현병학회로부터 감사패를 받는 등 긍정적인 평가를 얻었다.

13 형법 제10조(심신장애인) ①심신장애로 인하여 사물을 변별할 능력이 없거나 의사를 결정할 능력이 없는 자의 행위는 벌하지 아니한다.
②심신장애로 인하여 전항의 능력이 미약한 자의 행위는 형을 감경할 수 있다.
③위험의 발생을 예견하고 자의로 심신장애를 야기한 자의 행위에는 전2항의 규정을 적용하지 아니한다.
※심신장애로 인한 형사 책임의 감면 문제에 대한 글은 졸저, 『선녀와 인어공주가 변호사를 만난다면』(2021, 호밀밭)에서 첫 글로 다루었다. 관심 있는 독자들의 일독을 권한다.

리 분별이 온전할 수 있었는지를 판단한다. 그러니 조현병 환자 일반에 대해 사법적 면죄부가 주어져 있다는 인식은 곤란하다. 그리고 심신상실이 인정되어 무죄를 선고받는 환자도 곧바로 사회로 방면되는 것은 아니다. 법원은 치료의 필요가 인정되는 경우 범죄사실에 대해서는 무죄를 선고하면서도 치료감호를 명해 보호처분을 진행하도록 한다.

주취자에 의한 범죄는 전체 범죄의 16% 정도다.[14] 정신장애인 범죄자 수치인 0.6%에 비해 압도적이다. 그럼에도 불구하고 우리는 대개 술 마시는 행위 그 자체를 범죄와 직결해 비난하거나 취기가 오른 사람 전부를 싸잡아 잠재적 범죄자 취급하지는 않는다. '술꾼'이라는 단어가 드라마의 제목에 등장하기도 하고[15] 만취로 인사불성이 된 모습은 귀엽고 웃기게 묘사된다. 다시 생각해보자. 주취자보다 환자를 더 비난하는 게 옳을까?

한편 인터넷 기사의 댓글을 살펴보면 위험한 사람을 위험하다고 묘사하는 게 대체 뭐가 문제냐는 의견이 자주 보인다.

14　법무부, 「2021 범죄분석」 제4장 범행 당시 범죄자의 상태

15　티빙(TVING) 오리지널 드라마 <술꾼도시여자들>(2021)

언론이 실제로 없는 사건을 만들어내는 건 아니다. 문제는 병증의 위험성만을 부각하는 미디어의 낙인으로 인해 제때 치료를 받아야 할 사람들이 음지로 꽁꽁 숨어든다는 데 있다. 이는 조현병 환자와 그 주변인들[16]에게는 물론이고 사회적으로도 결코 바람직하지 않다. 위험을 컨트롤하겠다는 의지를 갖고 조현병을 객관적으로 알리기 위한 의식적인 노력이 필요한 시점이다. 가장 효과적인 방법이 바로 대중문화 콘텐츠를 통한 것임은 두말할 필요 없다.

---

16 미디어가 환자 개인을 악마화하면 할수록 제도를 통한 공적인 지원책 마련에 대한 중요성은 희석된다. 그러면 결국 환자에 대한 책임은 가족이 오롯이 질 수밖에 없다. 정신장애가 환자 한 사람의 불행에 그치지 않는 이유다. 정신장애가 가족 구성원에게 미치는 영향을 더 알고 싶다면 '수잔 L. 나티엘, 『세상이 지켜주지 못한 아이들』(2020, 아마존의나비)'를 추천한다. 조현병, 조울증 등 정신장애 부모를 둔 아들 11의 인터뷰를 담은 책이다.

길에서도 미디어에서도 존재가 지워진 장애인

출근해야 하는데, 나 정말 바쁜데, 이 시간에 여기서 꼭 이래야 하나. 이동권 투쟁을 한다고 휠체어를 탄 장애인 들이 아무개 씨가 탄 객차와 플랫폼을 들락날락하고 있 다. 최대 다수의 최대 행복 모르나? 지금 이 시위 때문 에 불행한 절대다수가 안 보이나? 평소에는 길에서 잘 보이지도 않더니 오늘 여기에 다 모여있네, 휠체어들.

온갖 종류의 사람으로 변한다며, 그럼 장애인은?

소수자 문제를 향한 관심은 어떤 특별한 계기에서 비롯한 때가 종종 있다. 당사자 혹은 주변인처럼 삶에서 일상적 으로 마주하는 경험일 수도 있겠지만 나는 매우 사소한 사건으 로 시작했다. 백종열 감독의 영화 〈뷰티 인사이드〉(2015)를 보 던 중이었다.

남자주인공 김우진은 자고 일어나면 전혀 다른 사람으 로 변한다. 남자, 여자, 어린이, 노인, 다양한 인종의 외국인 등 등…. 고등학생 때부터 스물아홉 살인 현재까지 무려 12년간 그런 생활을 하고 있다. 가구 디자이너인 그의 집에는 매우 다양한 옷과 신발, 가방, 화장품 등이 준비되어 있다. 같은 디자인의 크기만 다른 반지도 여러 개 있다. 발 크기 측정기와 안경점에서나 볼 수 있는 도수별 시력교정 렌즈 세트가 화면에 나온 이후부터는 나도 모르게 목발이나 휠체어, 시각장애인이 사용하는 흰 지팡이 같은 도구들도 당연히 등장할 거라 기대하기 시작했다.

이 영화에는 123명의 우진이 등장한다.[17] 하지만 보청기를 끼고 있거나, 수어를 사용하거나, 시각장애가 있거나, 휠체어를 타거나, 목발을 사용하는 우진은 없다. 유럽 언어를 쓰는 백인 남성 우진, 일본 여성 우진, 한국 어린이 우진은 등장해도 신체장애가 있는 우진은 없다. 그리고 보니 우진의 집 안에는 계단이 많다. 계단이라… 모두 다 괜찮은가? 아니, 매일 무작위로 다른 인물로 바뀌는 설정인데? 비장애인으로만 바뀌는 설정이라고는 안 했는데? 나는 적잖이 충격을 받았고, 또 실망했다.[18]

『장애인복지법』제2조(장애인의 정의 등) 제1항은 "'장애인'

---

17   우진123역은 배우 유연석이다. 등장과 동시에 관객들의 탄성을 자아내는 배우 이진욱은 우진84역.

18   '설마 정말 없을까'하고 이 글을 쓰면서 영화를 다시 봤다. 중간에 아주 짧게 "오늘은 말을 할 수 없다"라는 종이쪽지를 들고 있는 인물이 2초 정도 등장한다. 이 인물이 영화가 유일하게 설정한 장애인일 수도 있다. 발화가 일시적으로 안 되는 것일 수도 있지만 이를 판단할 만한 단서는 없다.

이란 신체적·정신적 장애로 오랫동안 일상생활이나 사회생활에서 상당한 제약을 받는 자를 말한다"라고 정의한다. 같은 조 제2항 제1호는 "'신체적 장애'란 주요 외부 신체 기능의 장애, 내부기관의 장애 등을 말한다"고도 정한다. 이런 정의에 의할 때 매일 얼굴과 신체의 형태가 바뀌는 바람에 정상적인 사회생활이 어려워 은둔형 디자이너가 될 수밖에 없는 우진은 마땅히 '장애인'이다. 장애인 등록을 하든 하지 않았든 상관없이 말이다. 그렇다. 영화 〈뷰티 인사이드〉는 장애에 관한 영화다! 결국 남녀 주인공은 우진의 장애를 넘어서서 사랑을 이뤄내지 않는가. 그런데 '만성 무작위 신체변화 장애인'인 우진이 매일매일 변하는 모습에 다른 유형의 장애가 어떤 식으로든 등장하지 않는 것은 모순이다. 매일 얼굴이 변하는 장애라는 설정은 낭만적이지만 어느 날 눈을 뜨니 팔다리가 강직된 뇌성마비 장애인이 되는 설정은 아름답지 못해서 그런 것일까?[19]

---

19 그래도 요즘에는 수년 전과 비교해 대중문화 콘텐츠 속에서 장애인 캐릭터가 종종 눈에 띄는 편인 것 같다. 다만 대부분의 장애인 역할을 장애인 배우가 아닌 비장애인이 '연기'하고 있다는 점이 아쉽다. 이를 지적한 언론 보도는 언론사 데일리안 [무대 위 장애인] 기획 보도 시리즈(2021. 12. 14.)가 있다. 한편, 대중문화 콘텐츠가 얼마나 비장애인 중심이며 장애인에 대한 편견을 어떻게 고착시키는지 고발한 뉴스 기사도 있다. 한국일보의 '영화 '부산행' 속 장애인 캐릭터, 살짝 아쉽네'(2017. 4. 18.)는 영화 속 남성 편향성을 알리기 위해 만든 성평등 테스트인 '백델 테스트(Bechdel Test)'의 장애인 버전인 '티리온 테스트(Tyrion Test)'에 대한 소개, 낭만 속에 빠져있는 영화 속 장애 묘사를 등을 일목요연하게 소개한다. 이 기사의 댓글창에 어떤 의견이 달려 있는지도 한번 보자. 아이디 se01****의 '개소리하고 있네'는 독자가 이 각주를 읽고 해당 기사를 찾아볼 때까지 여전히 달려 있을까?

　　하나의 영화를 콕 찍어서 파고들고 있긴 하지만, 사실 미디어가 장애인의 존재를 지워버리는 건 어제오늘의 문제가 아니다. 패럴림픽은 올림픽과 비교해 선수단의 규모는 절반이지만 뉴스 보도량은 10분의 1에 그친다.[20] 장애인언론 비마이너의 발행인이자 노들장애인야학의 교사인 김도현이 쓴 『장애학의 도전』(2019)은 책의 초입에서 이러한 미디어 속 장애인의 부재를 지적한다. 지난 2001년 오이도역 휠체어 리프트 추락 참사가 촉발한 본격적인 장애인 이동권 투쟁이 시작된 이래 18년 동안 단 한 번도 3개 지상파 방송사 KBS, MBC, SBS의 〈심야토론〉, 〈100분 토론〉, 〈시사토론〉과 같은 대표 토론 프로그램에 장애 문제가 이슈로 등장한 적이 없다는 것이다. 계산해보면 어림잡아 2,000회가 넘는데도 그렇다. 책이 발행된 게 2019년 11월이다. 그 후로 설마 달라졌겠지 기대하며 방송사 홈페이지에서 '다시보기' 페이지를 뒤져보았다. 2019년 11월부터 2022년 5월까지 단 하나도 없었다. 장애는 주요한 뉴스거리도 토론 의제도 되지 못하는 것이다.[21]

20　부산일보, '감동 선사하는 패럴림픽, 사회적 관심은 '바닥''(2021. 10. 4.), 미디어오늘, '도쿄 패럴림픽 중계·보도량 올림픽 대비 10분의 1'(2021. 9. 5.)

21　2022년 4월 13일 종편 JTBC의 토론 프로그램 〈썰전 라이브〉에서 드디어 토론이 이루어졌다. 국민의힘 이준석 당대표가 장애인의 이동권 투쟁이 선량한 시민을 '볼모'로 잡은 '비문명' 행위라고 발언한 이후 만들어진 자리다. 토론의 당사자였던 이준석 대표와 박경석 전국장애인차별철폐연대 상임공동대표는 한 차례 추가로 토론을 하기로 의견을 모았고 이에 따라 5월 12일 제2차 토론이 이루어졌다.

길에서 보이고자 투쟁에 나선 장애인

'비가시성'이라는 문제는 당사자가 목소리를 높이기 전까지는 눈에 띄지 않는다. 달리 비가시성(非可視性)이겠는가. 미디어가 장애인의 존재를 지우는 것은 현실의 장애인 비가시성에 따른 당연한 결과다. 주류 사회에 장애인이 보이지 않는 문제와 관련해 제도적으로 먼저 논의된 현안은 고용 문제다. 고용 현장에서 소외되어 존재가 지워진 장애인 문제에 대한 해결책으로 1990년 1월 『장애인고용촉진 및 직업재활법』이 제정되었다. 법을 만들었다고 일터에서 심심치 않게 장애인을 만날 수 있게 된 건 아니지만 말이다.

노동 현장을 떠나 일상적인 우리의 생활을 좀 더 넓게 살펴보자. 오늘 출근길 버스나 지하철에서 휠체어를 타거나 흰 지팡이를 손에 쥔 장애인을 만난 독자가 몇 명이나 될까. 노동 현장에 가려면 일단 이동을 해야 한다. 비장애인들이 지겹도록 반복하는 평범한 출퇴근이 만약 매번 각오하고 겪어야만 하는 불편과 노력, 스트레스라면 어떨까? 현실에서의 장애인 비가시성 논의의 시작으로 반드시 '이동권'을 먼저 살펴보아야 하는 이유다.

평생을 변방의 존재로 머물다 죽음을 맞이한 장애해방열사 8인의 삶을 다룬 책 『유언을 만난 세계』(2021) 첫 글은 「1984년 서

울, '불구자'의 유서」다. 1952년 태어난 김순석 열사는 어려서 소
아마비를 앓았다. 다리를 절어도 걸을 수는 있었고 액세서리를
만드는 일도 할 수 있었다. 그러다 1980년 교통사고를 당한다. 휠
체어를 타게 된 그는 1982년 퇴원해 사회로 돌아온다. 그러던 그
가 불과 2년 사이에 크게 좌절해 세상을 등진 것이다. 2년간 무슨
일이 있었을까. 정성껏 만든 물건을 들고 바깥에 나갔지만 멈춰
주는 택시가 없다. 버스와 지하철은 감히 꿈도 꿀 수 없다. 횡단
보도는 누군가가 휠체어를 들어 올려 도로경계석 아래로 내려
주기 전에는 도저히 건널 수 없다. 횡단보도 건너편 인도로 올
라갈 수 없는 것도 마찬가지다. 좁은 남대문 시장 안에 들어서
자 '가뜩이나 좁은 데 재수 없게 병신새끼가 휠체어까지 끌고
들어왔다'는 모욕을 당한다. 상인들은 그가 장애인이라는 이유
하나만으로 제품 가격을 절반으로 후려친다. 이 중에서 가장 힘
든 건 도로의 턱이다. 아무리 급해도 혼자 힘으로 화장실을 갈
수도 없고 식당에 들어갈 수도 없다. 턱에 올라설 수 없어서 차
도로 다니다가 경찰에게 적발되어 파출소 유치장에서 하루를
보내기도 했다.

　분노가 쌓인 그는 염보현 당시 서울시장에게 5장의 유서
를 남기고 1984년 9월 19일 스스로 목숨을 끊었다. 그가 떠난
후 3일 뒤 조선일보가 그의 사연을 뉴스화했다. 염보현 시장은
뉴스에 대한 응답으로 "장애자들의 통행 편의가 증진될 수 있도

록 항구적이고 면밀한 대책을 수립하라"라고 말했다고 한다.

그 후로 의미 있는 변화가 있었을까? 휠체어를 탄 장애인들은 이순석 열사가 떠나고 38년이 지난 지금도 이동권 확보를 위한 투쟁 중이다.[22] 물론 38년 동안 아무 일도 없었던 건 아니다. 다행히 건널목 앞의 턱과 육교는 서서히 사라져갔다. 하지만 2001년 장애인 노부부가 엘리베이터가 설치되지 않았던 지하철 4호선 오이도역의 휠체어용 수직형 리프트에서 추락하는 사고가 발생한다. 이른바 '오이도역 참사'다. 이를 계기로 장애인 이동권 투쟁이 폭발한다. 2002년 발산역 참사와 2017년 신길역 참사는 경사형 휠체어 리프트에서 일어난 사망사고다. 장애인 이동권은 이렇게 목숨과 바꾸며 조금씩 앞으로 나아가고 있다. 버스의 상황은 더 열악하다. 전국 저상버스 도입률은 28.4%에 불과하다.[23] 교통약자의 이동권을 보장하겠다며 2021년 12월

---

22 언론에 소개되는 이동권 투쟁은 주로 휠체어를 탄 장애인들이 지하철 역마다 객차에서 플랫폼으로 내렸다 올라타기를 반복해 열차의 출발 지연시키는 방식이다. 이에 대한 일부 언론 보도의 제목을 살펴보자. 조선일보, "'6정거장 가는 데 1시간'… 지하철 5호선 최악의 지연. 전날 예고됐다고?'(2021. 12. 20.), 문화일보, '출근길 발목… 장애인단체 시위로 5호선 1시간 넘게 지연'(2021. 12. 20.), 매일경제, '서울 지하철 5호선 열차 운행 지연… "광화문역 수십명 경찰도 배치"'(2021. 12. 20.), 국제뉴스, '지하철 4호선, 장애인 단체 시위로 또 지연 운행… 출근길 불편'(2022. 1. 21.), 매일경제, '아침 지하철 출근이 겁난다… "장애인단체 시위 처벌하라" 국민청원'(2022. 2. 16.), 이데일리, "'또 지각이네" 장애인단체 출근길 지하철 시위에 시민들 '냉담''(2022. 2. 15.)

23 비마이너, '20년째 보장 못 받는 장애인 이동권… 장애인들 쇠사슬로 '버스 점거''(2021. 1. 22.)

개정했다는『교통약자의 이동편의 증진법』은 시내버스와 마을버스를 교체할 때는 의무적으로 저상버스를 도입하도록 했지만, 시외버스와 고속버스는 대상에서 제외했다.

이렇듯 교통약자인 장애인들이 비장애인과 동등하게 이동권을 누리는 날은 아직 오지 않았다. 비장애인인 아무개 씨가 의식적으로 장애인의 비가시성을 들여다보려고 노력하지 않는 이상 장애인의 이동권 투쟁은 단순히 시민의 출근길을 불편하게 만드는 '민폐 행위'에 그치고 말 것이다.

장애에 대한 패러다임은 '의료적인 모델'에서 '사회적인 모델'로 변화 중이다.[24] 의료적 모델로 장애를 인식하면 장애는 의료적 손상 여부가 장애의 기준이 되는 개인의 문제이지만 사회적 모델로 장애를 인식하면 장애는 시스템이 갖춰져 있지 않아 불편을 느끼는지가 기준이 되는 사회 전체의 문제가 된다. 휠체어로도 어디든 자유롭게 이동할 수 있다면 걷지 못하는 것은 더 이상 장애가 아니라는 의미다. 미디어에서 장애인이 잘 보이지 않는 것은 그들의 현실에서 집 밖에 나는 게 쉽지 않기

24   마선옥, 김도운 공저,『장애가 장애가 되지 않게』(2021, 문진) 31쪽 이하

때문이다. 길에서도 TV 속에서도 불편 없이 활동하는 그들을
언제쯤 볼 수 있을까.

6장

아무개 씨는 **정규직 근로자입니다**

아무개 씨는 서울에 있는 번듯한 회사에 정규직으로 입사했다. 평소에는 자신이 정규직이라는 사실을 생각하지는 않는다. 당연한 것으로 여길 뿐 딱히 의식할 일은 없다. 아무개 씨가 비정규직 문제에 관심을 가진 건 드라마 〈미생〉이나 〈송곳〉을 보고 난 이후이다. 그전에도 몰랐던 건 아니지만 이제야 같은 사무실 동료들 사이에도 계급이 있다는 사실이 눈에 들어온다. 책상을 마주한 동료뿐만이 아니다. 구내식당 아줌마, 환경미화원 이모님, 그리고 출근 때마다 허리 숙여 인사하는 경비 아저씨까지…. 그동안 이들을 근로자가 아니라 '비품'으로 대하고 있었던 것 같다. 회사 밖의 사람들도 눈에 띈다. 당장 오늘 낮 비어있는 아무개 씨의 집을 청소하고 떠났을 플랫폼 소속의 가사도우미, 아파트에서 분리수거를 하고 계실 경비 아저씨, 그리고 어제 피자를 배달해 준 라이더까지…. 뭐, 고맙지만 나와는 달리 엮일 일은 없는 사람들이긴 하다.

대한민국의 비정규직 만능 머슴: 경비원

아무개 씨는 아파트에 산다. 옆집 사람은 일주일에 한 번 마주칠까 말까 해도 경비원 아저씨는 매일 본다. 오늘 아침에는 분리수거를 하고 계셨고 저녁에는 퇴근 차량의 대리 주차를 하고 계셨다. 모르긴 몰라도 비정규직이겠지. 그래도 노인에게 그 정도면 괜찮은 일 같다. TV에서 본 정도로 경비원에게 가혹하게 구는 주민은 못 봤다.

비정규직의 개념과 유형 개관

대한민국에 살면서 '비정규직'이라는 말을 한 번도 들어보지 못한 사람이 얼마나 될까? 적어도 지금 이 책을 읽는 독자 중에는 없을 것 같다. 비정규직은 글자 그대로 보여주듯 '정규직'에 '비(非)'자가 붙어서 만들어진 단어다. 그냥 정규직이 아니라는 뜻이다. 그렇지만 정규직이라고 딱히 국제적으로 통용된 기준이 있는 것도 아니다. 정규직도 마찬가지로 '비정규직이 아닌 일자리'다. 정규직과 비정규직의 개념은 서로에게 기대고 있다. 비정규직을 한 문장으로 정의하기는 어렵다. 다만 관

런 법에 산재된 노동 유형을 그러모아 파악할 수 있을 뿐이다.[1]

정규직과 비정규직의 가장 큰 차이점은 근로 계약 기간의 제한 여부다. 정규직은 '기간의 정함이 없는 고용'이다. 한마디로 상용직 근로자라 할 수 있다. 스스로 회사를 그만두거나 해고를 당하지 않는 한 같은 직장을 계속 다닐 수 있다. 이에 대응하는 비정규직 근로자는 '기간제 근로자'다. 일용직, 임시직이 이에 해당한다. 전일제(full-time)인지 시간제(part-time)인지로 나눌 수도 있다. 시간제 근로자, 즉 '단시간 근로자'는 흔히 우리가 '알바'라고 부르는 유형이다.

또 다른 분류 방법도 있다. '간접 고용'이라는 유형은 고용 관계와 사용 관계가 일치하지 않는 경우다. 월급을 받는 회사와 내가 일해주는 회사가 다른 것이다. 파견, 도급, 용역, 사내 하청 등이 이에 해당한다. '특수형태 근로종사자'라는 것도 있다. 통상은 줄여서 '특고'라 부른다. 택배 기사, 음식 배달 기사, 학습지 교사, 골프장 캐디 등 특정 사업장에 소속된 것으로 보이지만 형식상으로는 프리랜서인 유형이다.

비정규직 유형은 이렇게 다양하다. 그리고 숫자도 엄청

1 　비정규직 근로자를 보호하기 위한 법으로 「기간제 및 단시간근로자 보호 등에 관한 법률」, 「파견근로자의 보호 등에 관한 법률」이 있다.

많다. 2021년 8월 통계청의 경제활동인구조사에 따르면 전체 임금근로자 중 비정규직 비중은 38.4%다. 실제 비율은 더 높다는 견해도 있지만 어쨌든 사업주로부터 임금을 받는 근로자 10명 중 최소 4명은 비정규직인 셈이다.

대중문화 콘텐츠 속 비정규직

비정규직이 이렇게 광범위하게 퍼져있음에도 불구하고 대중문화 콘텐츠에서 비정규직 문제가 가시화된 역사는 그리 길지 않다. 독립영화나 만화 등을 통한 고발이 없었던 것은 아니지만 본격적인 신호탄은 tvN 드라마 〈미생〉(2014)부터다. 윤태호 작가의 동명의 만화가 원작인 이 드라마는 같은 사무실 안에서 똑같이 일해도 연봉조정과 임금인상 등에서 철저히 배제되는 비정규직 주인공 장그래(임시완)를 통해 많은 이의 공감을 얻어냈다. 대형 마트에서 벌어진 비정규직 해고 노동자의 이야기를 다룬 부지영 감독의 영화 〈카트〉(2014)와 JTBC 드라마 〈송곳〉(2015)이 뒤를 이었다. 2018년에는 tvN 드라마 〈나의 아저씨〉가 여자 주인공을 대기업 파견직 근로자로 설정하기도 했다. 이어 한국 드라마 최초의 '노동 판타지'라 불렸던 MBC 〈특별근로감독관 조장풍〉(2019)이 등장하기에 이른다.

이 콘텐츠들은 모두 비정규직을 다루지만 장르는 조금

씩 다르다. 〈미생〉의 경우는 오피스물, 〈나의 아저씨〉는 휴
머니즘 드라마, 〈특별근로감독관 조장풍〉은 수사물로 분류할
수 있을 것 같다. 만약 비정규직을 소재로 신파물을 만든다면
어떤 직업을 등장시키는 게 좋을까? 내 생각에 눈물샘을 쏙 빼
고 권선징악까지 담아내려면 경비원만큼 적당한 게 없다고 본
다. 현시대 대한민국에서 경비원은 '을(乙) 중의 을'이다. 분리수
거에서부터 대리 주차까지 머슴도 이런 머슴이 따로 없다. 말이
나왔으니 이제 경비원 얘기를 좀 해보자. 사실 이 얘기가 하고
싶어서 여태 서론을 장황하게 쓴 거다.

지하실에서 찌개를 끓이던 경비원 변 씨

경비원을 강렬하게 등장시킨 영화로 봉준호 감독의 〈플란
다스의 개〉(2000)를 빼놓을 수 없다. 나는 영화 〈기생충〉(2019)
전까지는 봉준호의 페르소나는 송강호가 아니라 변희봉이라고
생각했는데, 〈플란다스의 개〉가 바로 배우 변희봉과 감독 봉
준호가 처음으로 인연을 맺은 작품이다. 이 영화에서 변희봉은
아파트 경비원 변 씨 역할을 맡는다. 주민들에게 친절하고 성실
한 경비원인 그는 아파트 지하실에서 수상한 찌개를 끓인다. 단
지 내에서 개가 없어졌다는 벽보가 붙고 난 이후 경비원 변 씨
가 대파가 담긴 까만 비닐봉지를 들고 온다. 불길하다. 아파트

지하에서 변 경비는 실종되었다는 개를 도축해 찌개를 끓이려 한다. 결국엔 이러저러한 이유로 제대로 먹지 못하지만…. 잔혹한 이야기는 그만하자. 노동 문제와 관련해 주목해야 할 점은 변 경비가 음식을 먹거나 쉬는 장소가 아파트 지하실이라는 데 있다.

경비원이 석면 가루 떨어지고 보일러 설비가 돌아가는 오래된 구축 아파트 지하실에서 식사와 휴식을 취하는 모습은 조정진 작가의 책 『임계장 이야기』(2020)에도 등장한다. 아파트 관리소장이 새해 첫날 경비원들을 불러 모은다. "잘 들으세요. 예전에 118동 경비원이 지하실에서 죽었다고 합디다. 혼자서 뒈지는 바람에 한참 뒤에야 알게 되어 난리가 났대요. 난 경비원이 또다시 죽어 나가는 꼴은 보고 싶지 않소. 그러니 지하실에 들어가서 쉴 생각은 애당초 안 하는 게 좋을 거요."[2] 경비원이 숨을 거두었다는 118동은 조 작가가 근무하는 곳이다. 관리소장으로부터 예상 밖의 새해 덕담을 들은 조 작가는 그 지하실에서 그날 저녁 도시락을 먹는다. 처음에는 소름이 끼쳤으나 이내 친근감마저 들었다고 한다.

경비원을 괴롭히는 것은 이렇게 휴게 장소가 마땅치 않다는 등의 열악한 근무환경뿐만이 아니다. 사실 진짜 고역은 입주

---

2   조정진, 『임계장 이야기』(2020, 후마니타스) 195, 196쪽

민들의 '갑질'이다. 책『나는 아파트 경비원입니다』(2021)의 저자 최훈은 언론사와의 인터뷰에서 '자신을 영화 〈갑질본색〉의 조연이라고 생각하고 산다'고 밝혔다.[3] 상상 속의 영화 〈갑질본색〉에 자신이 경비원 역할로 출연하고 산다는 뜻이다. 입주민과 관리사무소는 별별 방법으로 경비원의 인권을 무시하곤 한다. 뉴스에 종종 나오는 경비원의 죽음은 벼랑에 몰린 그들의 처지를 극단적으로 보여준다. 넷플릭스 오리지널 드라마 〈스위트홈〉(2020)에서는 제1화에서 아파트 경비원이 겪는 부당한 일을 사실적으로 묘사했다.

> (예초기로 수목 절단 작업을 하던 중)
>
> 경비원 : "원래 내 일이 아닌데 주말에 사람이 없다고 해서 나한테. 하여간 여기 사람들은 경비 알기를 아주 개똥으로 알고"

> (경비실에서 졸고 있는 경비원을 향해)
>
> 관리사무소 직원 : "침대 빼세요. 컴플레인 들어왔어요. 경비실에 침대 치우라고. 침대가 있으니까 이렇게 해이해져서 맨날 이렇게 졸고 있는 거 아니에요."

---

3 한겨레, "'갑질본색' 영화의 조연, 나는 아파트 경비원입니다'(2021. 7. 30.)

경비원 : "아니 그럼 전 어떻게 쉽니까?"

관리사무소 직원 : "(웃으며) 쉬지 마시라고요. (버럭 하며) 예?"

(스티로폼 상자를 건네주며)

입주민 : "누가 생선을 보내줬는데, 알잖아, 나 영광굴비 아니면 안 먹는 거. 아저씨 드시라고"

(경비원이 기대에 차 상자를 열어보니 파리가 꼬인 썩은 생선이 가득하다)

    이런 묘사는 언론 보도와 경비원들의 저서 속 진술과 정확히 일치한다. 왜 이렇게 사람들은 경비원을 함부로 대하며 머슴처럼 부릴까? 경비원이 밤이고 낮이고 아파트에 머무르며 언제든 부르면 달려오는 존재가 된 이유 중 하나는 그들이 바로 법률상 '감시적·단속적 근로자'이기 때문이다. 「근로기준법」 제63조는 근로시간 및 휴게·휴일에 관한 규정을 적용하지 않는 예외적인 근로자를 정하고 있다. 그간 공동주택 경비원은 위 예외사유 중 '감시 또는 단속적으로 근로에 종사하는 자'로서 계약을 했다. 근로시간 및 휴게·휴일의 법규정이 적용되지 않으니 언제든 부르면 달려가는 존재가 되는 것이다.

제도 개선과 꼼수의 숨바꼭질: 뛰는 놈 위에 나는 놈

제도가 그렇게 호락호락하지만은 않다. 「경비업법」 제7조 제5항은 "경비업자는 허가받은 경비업무 외의 업무에 경비원을 종사하게 하여서는 아니된다"고 정하고 있다. 본연의 경비업무 외의 허드렛일은 원칙적으로는 시켜선 안 되는 것이다. 하지만 거의 모든 공동주택에서 경비원은 궂은일을 도맡고 있지 않나? 그래서 최근 제도를 좀 더 정비했다. 2021년 10월 21일부터 시행에 들어간 「공동주택관리법」과 같은 법 시행령은 현실을 반영해 예외적으로 경비원이 할 수 있는 경비 외 업무의 범위를 제한적으로 정했다.[4] 개정된 시행령 규정에 따르면 경비원은 분리수거함 정돈은 할 수 있지만 출·퇴근 시 일상적인 대리 주차는 할 수 없다. 아파트 벽 도색 작업이나 가로수 가지치기 등도 하면 안 된다.

하지만 현실은 더 호락호락하지 않다. 기존의 경비원들은 잡일을 처리하기 위해 경비원이 아닌 '관리원'으로 이름표만 바꿔 달았다. 이름이 바뀌면 「경비업법」의 적용을 받지 않는다.

4　경비원이 할 수 있는 공동주택관리업무로 「공동주택관리법」 제65조의2 제1항의 위임을 받은 「공동주택관리법 시행령」 제69조의2(경비원이 예외적으로 종사할 수 있는 업무 등) 제1항은 1. 청소와 이에 준하는 미화의 보조, 2. 재활용 가능 자원의 분리배출 감시 및 정리, 3. 안내문의 게시와 우편수취함 투입, 제2항은 공통주택에서의 도난, 화재, 그 밖의 혼잡 등으로 인한 위험발생을 방지하기 위한 범위에서의 주차 관리와 택배물품 보관 업무를 정하고 있다.

대신 관리원들은 「근로기준법」 상의 근로시간 및 휴게·휴일에 관한 규정을 적용받으므로 예전처럼 온종일 낮이고 밤이고 부려먹을 수는 없게 된다. 제도적 개선이긴 하다. 아직 현장의 변화는 따라오지 못하는 것 같지만 말이다.

        아무개 씨가 '노인에게 이 정도면 괜찮다'고 생각했던 일은 사실 누구에게든 고역일 수밖에 없는 일이다. 제도 개선도 한계가 있다. 무시하고 버티면 그만 아닌가. 아무래도 본인은 결코 '을 중의 을'이 되리라 예상하지 못하는 전국의 아무개들이 관심을 좀 가져야할 것 같다. 『임계장 이야기』의 조 작가는 38년간 공기업 정규직으로 일하다 정년퇴직했고 『나는 경비원입니다』의 최 작가는 1980년대 호황을 누리던 건설 회사에 다니고 두 곳의 외국계 회사를 거쳐 무역 회사의 대표까지 지냈다. 그렇다. 그들도 처음부터 비주류였던 건 아니다.

하녀, 식모, 파출부, 가사도우미⋯ 이름도 많은 그녀들

아무개 씨는 바쁜 직장인이다. 중요한 바깥일을 하다 보니 아무래도 집안일은 소홀할 수밖에 없다. 가사도우미를 한 명 고용해야 할 것 같다가도 영 꺼림칙하다. 드라마에서 보니까 가정부가 집안 식구와 눈이 맞아 바람이 나거나 주인집 물건에 함부로 손을 대기도 하고 그러던데. 남인데 어디 믿을 수가 있어야지.

대중문화 속 식모[5]의 유구한 역사

대중문화 콘텐츠에 가장 자주 등장하는 직업은 뭘까? 2020년 2월, 민주언론시민연합 방송모니터위원회가 드라마 속 등장인물의 직업에 대한 조사 결과를 발표했다.[6] 2019년

---

5 '식모'는 경제발전 이후 '가정부', '파출부' 등으로 불렸다. 최근엔 '가사도우미'가 한국표준직업분류 상 정식명칭으로 널리 쓰인다(통계청 고시 「한국표준직업분류」 대분류 9. 단순 노무 종사자 중 9511 가사도우미). 언론 등에서는 때에 따라 '가사관리사'와 혼용하기도 한다. 2022년 6월부터 시행되는 「가사근로자의 고용개선 등에 관한 법률」에서는 '가사근로자'라는 용어를 쓴다. 이 글에서는 맥락상 뉘앙스에 따라 하녀, 식모, 가정부, 가사도우미 등 다양한 명칭을 혼용했다.

6 민주언론시민연합 홈페이지(www.ccdm.or.kr) → 모니터 → 모니터위원회 → 게시물

에 방영된 지상파 및 종합편성채널 총 10개 방송사의 드라마 120여 편을 분석한 것인데, 1위는 바로 '재벌·기업가'였다. 이 기관은 2017년에도 같은 조사를 했었다. 결과는 같았다. 요 몇 년 동안 TV 속 이야기에 가장 많이 등장하는 직업은 재벌과 기업가다.

비단 최근만의 동향은 아닐 거다. 대중문화라는 게 등장한 순간부터 재벌과 상류층은 호기심과 선망의 대상으로 숱하게 묘사되어왔다. 부잣집은 새로울 것도 없는 몇 가지 뻔한 상징으로 표현된다. 좋은 옷, 고급 자가용, 넓은 집. 그리고 가정부! 가정부라는 존재를 빼놓을 수 없다. 허드렛일하는 여인네는 부잣집 묘사에서 결코 빠질 수 없는 소품이다. 그들은 하찮고 고된 일을 할 인력을 돈으로 살 수 있는 능력의 상징물이며 동시에 중산층과 상류층의 위선을 바라보는 외부적 시선이라는 도구 역할도 한다.

전근대에 '하녀'로 불리던 이들은 1960~70년대엔 '식모'라 불렸다. 당시 식모살이는 돈을 벌고자 대책 없이 상경한 젊은 여자들이 가장 쉽게 구할 수 있는 일 중 하나였다. 이들의 기구한 삶은 문학을 포함한 대중문화의 단골 소재였다.

'[방송모니터위원회] 2019년 드라마 속엔 재벌과 전문직 남성이 많았다.'(2020. 2. 4.)

정진우 감독의 영화 〈초우〉(1966)는 부잣집 딸 행세를 한 식모의 비극을 다룬다. 자동차 정비공인 철수(신성일)는 신분을 속이고 프랑스 주재 한국 대사의 딸 영희(문희)와 교제한다. 손님이 맡긴 고급 승용차를 몰래 타고 나가 잘나가는 기업가의 아들인 척 연기한다. 자신의 진짜 모습을 속이며 부잣집 딸과 연애하느라 돈이 필요했던 철수는 결국 도둑질을 하다 발각돼 뭇매를 맞는다. 만신창이 상태로 영희 앞에 나타난 그는 자신의 비천한 신분을 고백한다. 그런데 부잣집 딸인 줄만 알았던 영희가 사실은 자기도 대사관 집 딸이 아니라 그 집 식모일 뿐이라고 밝히는 것이 아닌가! 철수는 분노한다. 얼마나 분노했는지 영희를 후려치며 끌고 가 강간한다. 아니, 자기도 거짓말 한 건데? 지금의 성인지 감수성으로는 도통 이해하기 힘들지만 아무튼 그 당시에는 주제넘은 짓을 하던 식모에게 어울리는 비극적인 결말로 대중들에게 깊은 인상을 남긴 것 같다.

식모의 비극적인 이미지의 구현은 한동안 계속된다. 1971년과 1973년 발표된 조선작의 연작 소설 『지사총』, 『영자의 전성시대』와 이를 원작으로 한 김호선 감독의 영화 〈영자의 전성시대〉(1975)에서 주인공 영자(염복순)는 식모 출신이다. 식모살이와 공장 노동자, 버스 안내양을 전전하는 영자는 결국 매춘부가 된다. 식모는 대중문화 속에서 멸시받는 하층민과 산업화와 경제발전 과정의 낙오자 이미지를 공고히 한다.

인권 유린의 피해자로서 수동적으로 묘사되던 식모 이미지는 때론 반대로 '능동적이고 위험한 타자'로 구현되기도 했다. 김기영 감독의 1960년 작 〈하녀〉는 이런 이미지의 원조 격이다. 단란한 중산층 가정 안에서 완전한 외부인도 내부인도 아닌 어중간한 존재로 자리 잡은 하녀(이은심)는 안주인의 자리를 뺏으려 주인 남자를 유혹하는 위험한 존재이다. 하녀는 관음적인 시선으로 부부의 생활을 지켜보며 자신의 욕망을 키워 나간다.

이 작품을 오마주한 것으로 알려진 임상수 감독의 〈하녀〉(2010)에서 상류층 집안의 입주 가정부로 취직한 은이(전도연)는 김기영 감독의 작품에서와는 반대로 관음적 시선의 객체가 된다. 맨발에 짧게 올라붙은 치마 차림으로 땀을 흘리며 욕조를 닦는 은이의 모습은 영화의 대표적인 장면으로 유명하다. 이후 임상수 감독은 2012년 작 〈돈의 맛〉에서 고용 관계로 엮여 순응적일 수밖에 없으면서도 동시에 성적 욕망을 지닌 에로틱한 존재로서의 가정부 이미지를 한 번 더 사용한다. 나이가 갑절 이상 많은 윤 회장(백윤식)과 불륜 관계를 맺는 가정부 에바(마우이 테일러)가 정말 자신의 욕망대로 행동한 것인지 아닌지 그 속사정은 알 수 없지만 말이다. 어쨌든 21세기에도 변함없이 젊은 여성 가사근로자의 에로틱한 타자 이미지를 단단히 굳히고자 한 것이 감독의 의도였다면 꽤나 성공적이라고 할 수는 있겠다.

　가정부가 젊은 여성이 아니라면 다른 방식으로 가정의 평화를 위협한다. 봉준호 감독의 영화 〈기생충〉(2019)을 생각해 보자. 영화에는 두 명의 가정부가 등장하는데, 겉으로는 훌륭하지만 속으로 음흉한 것은 매한가지다. 박 사장(이선균) 식구들이 이사 오기 전부터 저택의 관리를 맡아 온 문광(이정은)은 지하실에 남편을 숨겨두고 있고, 문광을 내쫓고 새로 들어온 가정부인 충숙(장혜진)은 그 집에 고용된 인력이 사실은 모두 한 가족이라는 사실을 숨기고 있다. 이런 단란한 가정의 내부에 침투한 범죄자로서의 가정부 이미지는 앞서 제3장의 「조선족: 단군의 2등 자손」에서 소개한 영화 〈미씽: 사라진 여자〉에서도 마찬가지다. [7]

　2000년대 초반 드라마에서는 가사도우미가 가볍고 유쾌하게 다뤄지는 경향이 있었다. 예를 들어 SBS 드라마 〈파리의 연인〉(2004)의 강태영(김정은), KBS 드라마 〈풀하우스〉(2004)의 한지은(송혜교), KBS 드라마 〈꽃보다 남자〉(2009)의 금잔디(구혜선)처럼 가사 노동 고용 관계를 처지가 다른 남녀 주인공을 한 공간에 묶어 두어 에피소드를 만들고 관계를 발전시키는 설정으로 이

7　〈미씽: 사라진 여자〉에서 가사도우미가 젊은 여성이라는 사실은 고용주가 싱글맘이라는 설정 아래에서 가정의 평화에 별다른 영향을 끼치지 않는다.

용하는 방식이다. MBC 시트콤 〈지붕 뚫고 하이킥〉(2009~2010)은 식모 역할을 맡은 신세경을 일약 스타로 만들며 1980년대 이래 사장되었던 식모라는 단어를 화려하게 부활시켰다. 이 여세를 몰아 2011년 KBS는 재벌가에서 일하는 가정부들을 주인공으로 한 드라마 〈식모들〉의 방영을 예고했다. 하지만 가사근로자 단체 곳곳에서 '오랜 세월 부정적인 뉘앙스가 쌓여 이미 사회적으로 폐기된 식모라는 용어를 공영방송이 앞장서서 부활시켜서는 안 된다'는 항의를 했다.[8] 결국 드라마의 제목은 다소 엉뚱하게도 〈로맨스 타운〉으로 바뀌었다.

고용불안 현실을 반영하는 콘텐츠 속 가사도우미와 제도 변화

최근의 대중문화 콘텐츠 속 가사도우미는 고용불안의 현실을 반영해 임시직 또는 파트타임 근로 형식으로 자주 표현된다. 공급 측면에서는 노동 유연화로 인한 비정규직의 양산과 이에 따른 빈곤층의 발생이, 수요 측면에서는 1인 가구를 포함해 반드시 경제적으로 윤택하지 않더라도 실질적인 필요로 가사노동 서비스를 이용하고자 하는 수요층이 급격히 증가한 현실

---

8 연합뉴스, '드라마 '식모들' 제목 바꿔라'(2011. 3. 30.)

의 반영이다. 여기에 구인·구직 온라인 플랫폼의 발달도 한몫한다.

2020년 개봉한 김초희 감독의 영화 〈찬실이는 복도 많지〉의 주인공 이찬실(강말금)은 영화 프로듀서다. 줄곧 한 감독의 작품만 도맡아 작업했는데 그 감독이 그만 급사하고 만다. 졸지에 실업자가 돼 먹고 살길이 요원해진 찬실은 급한 대로 친한 배우 소피(윤승아)의 집에 가사도우미로 취직한다. JTBC 드라마 〈인간실격〉(2021)의 부정(전도연)은 작가로서도 대필작가로서도 커리어를 이어가지 못하고 결국 일용직 가사도우미 일을 하게 된다. 혹시라도 가족들이 이 사실을 알게 될까 전전긍긍하며 혼자 견디는 역할이다. 이들이 처음부터 가진 것 없는 하층민 신분이었나? 그렇지 않다. 영화제작사와 출판사에서 번듯하게 일하던 사람들이다. 2000년대 초반의 드라마 속 발랄한 가정부 이미지는 냉혹한 2020년대의 현실 앞에 더는 설 자리가 없는 듯하다.

이렇듯 현재 가사 노동 서비스는 전통적인 하층민의 영역을 벗어났다. 여전히 정규직이라는 주류 노동시장에 편입되지는 못하지만 수요와 공급 면에서 급속도로 퍼지는 중이다. 반면 여태까지 우리 법은 가사 노동 서비스를 제도적으로 뒷받침해주지 못했다. 노동 관계법의 기본법이라 할 수 있는 「근로

기준법」을 보자. 제11조(적용 범위) 제1항은 "이 법은 … 가사(家事) 사용인에 대하여는 적용하지 아니한다."라고 명시하고 있다. 따라서 가사 노동 종사자는 1953년 「근로기준법」이 제정되기 전은 물론이고 제정 이후로도 69년간 한결같이 4대보험(국민연금, 건강보험, 고용보험, 산재보험)에 가입할 수 없었다. 연차유급휴가 및 최저임금을 바랄 수도 없었다. 임상수 감독의 〈하녀〉에서 은이가 샹들리에를 닦다 사다리에서 떨어져 다쳐도 주인 내외가 주는 돈 봉투에 의지할 수밖에 없던 장면은 단순한 영화 속 설정이 아니었다. 엄연한 현실이었다.

　　가사 노동 종사자를 근로자로 인정하려는 움직임은 2010년 제18대 국회에서 처음 발의된 이후 번번이 폐기 처리됐다. 그러다 2021년 드디어 특별법 형식의 새로운 법률을 제정했다. 바로 2022년 6월 16일부터 시행되는 「가사근로자의 고용개선 등에 관한 법률」(약칭 「가사근로자법」)이다. 안타깝게도 이 법 하나 만들어졌다고 수많은 가사 노동 서비스 종사자들의 지위가 일거에 향상되는 것은 아니다. 정부 인증기관(회사)과 근로계약을 체결하고 그 회사의 직원으로서 이용자의 가구에서 용역을 제공하는 이들만 이 법의 적용을 받는다. 그러니까 영화 〈하녀〉의 은이, 〈기생충〉의 문광, 〈찬실이는 복도 많지〉의 찬실 등등 우리가 콘텐츠에서 접한 수많은 그녀들처럼 이용자와 가사근로자가 정부 인증기관을 끼지 않고 직접 계약을 맺은 경우는 여전히

「근로기준법」도 「가사근로자법」도 적용되지 않는다.

　　　새로운 제도 아래에서 가사근로자는 가정이라는 내밀한 영역에 관여하는 타자로서의 음습한 이미지를 완전히 벗어낼 수 있을까. 알음알음 소개를 받아 개인적으로 이어지는 가사도우미의 계약 실태 아래에서는 아무래도 당분간 극적인 변화를 기대하기 무리일 수도 있겠다. 우리의 아무개 씨는 언제까지 가사근로자를 집안 식구와 눈이 맞아 바람이 나거나 주인집 물건에 함부로 손을 댈 수 있는 존재로 의심할까. 제도의 보호를 받은 가사근로자의 범위가 확대되는 날이 오면 좀 달라지려나.

딸배 아닙니다, 배달노동자입니다

아무개 씨는 지금 퇴근길 도로 위에 있다. 신호대기로 멈춰있는데 갑자기 어디선가 배달통 달린 오토바이 한 대가 쓱 앞으로 나와 선다. 쯧쯧. 아주 교통법규 위반이 몸에 익은 모양이네. 저러면 사고를 당해도 할 말이 없지. 그나저나 차가 너무 막힌다. 집에 도착하자마자 먹을 수 있게 배달앱으로 낙지볶음이나 주문해 놔야겠다.

배달해서 월 800만 원? 1,300만 원?

사람을 혹하게 만드는 배달기사 모집 광고가 보인다. 조금만 검색해보면 최소 월 500만 원을 보장한다는 배달대행업체의 구인광고와 각종 커뮤니티에 신화처럼 떠도는 월 800만 원, 나아가 1,300만 원 인증 게시물을 발견할 수도 있다.[9] 진짜인가? 불가능한 건 아니다. 시간과 체력을 갈아 넣으면 가능하

---

9 매일경제, '"한 달에 1,300만 원 벌었다"… 의사·대기업 임원 안 부러운 이 사람은'(2022. 1. 22.), 2022년 봄 이후 플랫폼의 전반적인 배달료 인상으로 이런 기사는 더 자주 눈에 띄게 되었다.

다. 고수익 배달노동자가 눈에 띄는 가장 큰 이유는 배달 건수 자체가 늘어났기 때문이다. 2022년 1월부터는 배달 한 건당 단가도 인상되었다. 일감이 많아졌으니 일을 많이 하고 그에 따라 소득도 올라간다. 교통사고의 위험과 피로도의 증가는 당연한 산물이다. 아무리 힘들고 위험하다고 해도 '라이더'라는 직업을 향한 관심은 높아만 간다. 이유가 뭘까.

이는 대다수 배달노동자의 고용형태가 이른바 특수형태 근로종사자[10]라는 점과 관련이 깊다. '특수고용직' 또는 '특고'라 불리는 분류는 사업주와 근로계약이 아닌 자영업자로서 배송 위탁계약을 맺는 노동 유형을 의미한다. '바로고', '생각대로', '부릉'과 같은 배달대행업체 또는 '쿠팡이츠', '배달의민족 라이더스', '요기요익스프레스' 등과 같은 플랫폼 기업과 배달기사가 사업주 대 사업주로서 계약을 맺는 것이다. 한마디로 배달기사 한 명 한 명이 '사장님'이다. 업무 시간과 업무량을 내 맘대로 조정할 수 있는 사장님.

하지만 배달노동의 현실과 이들 노동자를 바라보는 세간

10   비정규직은 엄밀한 법률적 용어는 아니지만, 크게 3가지의 유형으로 분류할 수 있다. ①직접고용: 기간제 근로/단시간 근로, ②간접고용: 파견근로/도급, 용역, 위탁, ③특수고용: 특수고용형태근로종사자. 이 중 ①직접고용의 경우 「기간제 및 단시간 근로자 보호 등에 관한 법률」의 보호를, ②간접고용 중 파견근로자는 「파견근로자 보호 등에 관한 법률」을 적용받는다. 하지만 ③특수형태근로종사자는 개인사업자, 즉 자영업자로 분류되어 기본적으로는 근로기준법을 비롯한 노동법에서 배제된다. 2021년 이후 정책적으로 산재보험, 고용보험의 확대 적용을 받을 뿐이다.

의 인식은 '사장님'과는 거리가 멀어 보인다. 실제 노동 현장을 보자. '플랫폼 - 배달대행 프로그램 업체 - 지역 배달대행사 - 배달노동자'라는 층위 구조에 종속된 경우엔 대부분 정해진 출퇴근 시간이 있다. 출퇴근이 자유로운 경우라도 배달 요청(콜)을 거절하거나 자칫 예상 시간을 초과해 업무를 수행하면 인공지능(AI)에 의한 평가를 받곤 한다. 무자비한 AI는 평가가 낮을수록 콜을 적게 보낸다. 배달노동자의 수익 악화로 직결되는 것이다.

세간의 인식도 '사장님'과는 거리가 멀다. 2021년 8월 하순 서울 강남구 선릉역 인근에서 오토바이 배달 운전자가 사망하는 사건이 있었다. 배달노동자는 신호대기를 하던 덤프트럭 앞으로 끼어들었다. 신호가 바뀌고 덤프트럭이 움직이며 아직 출발하지 않고 트럭 바로 앞에 서 있던 배달 오토바이를 미처 발견하지 못하고 그대로 밀고 나갔다. 인터넷 공간이 추모 일색일 것이란 예상을 깨고 고인과 이 사고 자체를 비난하는 목소리가 곳곳에서 나왔다. 교통법규를 우습게 아는 딸배[11]에게 어울리는 죽음이라는 조롱도 난무했다. 노동자의 죽음이 이렇게까지 멸시받을 수 있을까? 고인이 오토바이 배달 일을 했기 때문일까? 배달노동자에 대한 사회의 멸시는 오래된 편견에서 비롯한

---

11   배달노동자를 멸시하며 지칭하는 말.

다. 대중문화 콘텐츠는 진작부터 부정적인 이미지를 퍼 날랐다.

대중문화 속 철가방·짱개·라이더

영화감독 김상진의 1999년 작 〈주유소 습격사건〉을 보자. 이 영화는 심야 시간 서울 시내의 주유소에 온갖 동네 양아치들이 모여 일어나는 사건을 담고 있다. 배우 김수로가 중국집 배달부 '철가방' 역할로 등장한다. 특별히 가방끈이 짧다거나 사소한 범법 행동을 저지르는 인물이라는 묘사는 없다. 다만 다양한 건달들이 모여 있는 와중에 '누가 이렇게 늦은 시각에 배달을 함부로 시키냐고' 으름장을 놨다가 얻어터질 뿐이다. 별볼 일 없는 군상들 사이에서도 중국집 배달부는 아무런 설명 없이 무시당한다. 하찮은 존재라는 사실이 영화를 만든 사람과 보는 사람들 사이에 암묵적으로 전제되어 있기에 가능한 일이다.

이후 배달부는 2000년대 초반을 주름잡은 조폭 코미디물에 단역으로 계속 등장한다. 업신여김당하며 웃음을 주는 존재다. 그로부터 20년 가까이 지나도 상황은 크게 변하지 않는다. 2014년부터 연재된 작가 기안84의 웹툰 〈복학왕〉은 2021년 7월 연재 종료까지 중국집 배달부의 부정적인 이미지를 수차례 이용했다. 청소년기 일진 출신은 대학에서 아무리 군기를 잡아도 결국 졸업 후 중국집 배달일이나 하는 우스운 존재로 묘사된다. 이런 묘사는 배달일에 대한 조롱과 동시에 이른바 '지잡대'라 불리는 지방 사립대학교 재학생에 대한 멸시로 논란이 된 바 있다.

2019년 즈음부터는 분위기가 조금씩 달라진다. 대중에게 라이더라는 새로운 명칭이 익숙해질 때부터 콘텐츠 속 배달노동자는 자본과 조직에 착취당하는 힘없는 노동자 이미지를 부여받는다. MBC 드라마 〈특별근로감독관 조장풍〉(2019)에는 산업재해를 당해도 병원비를 스스로 부담하고, 지각하거나 배달이 늦으면 벌금을 물어야 하는 청소년 라이더가 등장한다. 밀린 임금(배달 수수료)을 받아야 하는데 배달대행업체 사장은 청소년 라이더도 개인사업자로서 자신과 마찬가지의 사장이니 자기가 임금을 지급할 필요는 없다고 발뺌한다. 조장풍은 이들의 관계가 '사장 대 사장'이 아닌, 실질적인 근로계약 관계임을 주장한다. 배달노동자들이 처한 제도적 현실을 비교적 현실적으로 묘사한 작품이다.

그렇지만 현재까지도 배달은 노동시장의 구조적인 모순을 드러내기보다는 팍팍한 현실의 상징물로 더 자주 이용되는 것 같다. 글로벌 OTT[12] 기업 넷플릭스가 제작한 드라마

---

12 OTT는 'Over The Top'의 약자로 온라인동영상서비스 업체를 지칭한다. 넷플릭스, 디즈니플러스, 왓챠, 티빙, 웨이브 등이 대표적이다.

〈D.P.〉(2021)에서 주인공 안준호(정해인)는 피자 배달을 한다. 입대를 하루 앞두고 피자가게 사장에게 밀린 임금의 지급을 요청하지만 "이래서 가정 교육 안 된 새끼들을 쓰면 안 돼요. 뭘 꼬라봐? 이 새끼야. 너 해고라고!"라는 모욕적인 언사만을 듣는다. 배달 과정에서 잔돈 사기를 치는 어린이 때문에 억울한 누명을 뒤집어쓴 것까지 더하면 비참함은 배가 된다. 이창동 감독의 영화 〈버닝〉(2018)에서 종수(유아인)는 택배기사로 힘겹게 일하며 생활비를 마련한다. 원래 꿈은 작가지만 고된 일을 마치고 나면 연필을 쥘 힘도 없다. 이 영화에서 택배 배달은 이른바 '흙수저'로 태어난 종수가 살기 위해 택한 힘든 일이지만, 이를 통해 우연히 어린 시절 한동네에 살았던 해미(전종서)를 만나게 하는 장치가 되기도 한다.

배달 건수가 폭증해 배달노동자의 숫자와 평균 소득이 늘어난 이후부터는 배달 업무가 조금 더 가볍게 묘사되기도 한다. KBS 일일드라마 〈꽃길만 걸어요〉(2019~2020)의 남이남(나인우)은 상대역 강여주(김이경)에게 자신이 라이더로 일하는 사실을 가족들에게 비밀로 해달라고 애교 있게 부탁한다. SBS 드라마 〈편의점 샛별이〉(2020)의 정샛별(김유정), 국내 OTT 티빙(TVING)의 드라마 〈백수세끼〉(2021~2022)의 주인공 김재호(하석진) 등 최근의 콘텐츠에서 배달 노동은 주인공의 여의치 않은 경제 사정을 나타내는 장치로 다소 경쾌하게 등장하곤 한다. 이

제 라이더는 드라마 속에서 경제적 곤궁함의 상징으로 자리 잡은 것 같다.

번듯한 사회 구성원으로 가는 길

20여 년 전 과거에 비하면 배달노동자에 대한 모멸적이고 비하적인 묘사는 확연히 줄어든 것으로 보인다. 갑자기 노동에 대한 의식개선이 일어나서 그런 걸까? 그보다는 단지 배달 종사자의 숫자가 엄청나게 늘어났기 때문이라는 게 진실에 가깝다. 전업, 파트타임, 오토바이, 도보를 가리지 않고 배달에 한 다리 걸친 사람이 주변에 우후죽순으로 생겨나고 있는데 어떻게 계속해서 그들을 못 배운 양아치 취급을 하겠느냐 말이다. 하지만 배달노동자에 대한 묘사의 변화가 단순히 숫자의 증가로 인한 것이라면 허탈하다. 노동자들은 그렇게 수동적인 존재가 아니다. 꾸준히 목소리를 내왔기 때문에 가능한 변화다.[13]

라이더를 비롯한 플랫폼 종사자 수는 확대일로에 있다. 고용노동부는 이들을 위한 정책을 마련하느라 바쁘다. 2022년 1월 1일부터는 일부 플랫폼 종사자에 고용보험을 확대 적용한다. 배달 건수의 급감으로 시장이 갑자기 주저앉을 미래에 대한

---

13 물론 숫자가 많아진 게 결정적이라는 걸 부정하지는 못하겠다.

걱정을 덜고 좀 더 안정적인 환경에서 일할 수 있다면 무리하게 인도를 오토바이로 주행하거나 신호를 위반하는 일이 줄어들 수도 있다. 무법자로 인식되며 죽음까지도 조롱받는 일이 점차 사라지길 기대한다. 이른바 '번듯하지 못한' 이미지를 벗고 평범한 경제활동 인구가 되는 것이다.

　　대중이 평균적인 노동자의 모습을 회사에 다니는 정규직 근로자의 모습으로 상정하고 대중문화 콘텐츠가 이런 안일한 인식을 확대·재생산해내기 급급하다면 노동 인권의 개선은 요원하다. 과거에는 '정규직은 주류, 비정규직은 비주류'라는 도식이 통용될 수 있었다. 현재의 대한민국은 어떠한가? 급변하는 세상, 노동의 새로운 시대가 열렸다.[14] 사용자와 근로자 사이를 기존의 종속적인 관계를 바탕으로 자극적으로만 묘사한다면 대등한 대화와 타협의 주체로서의 노동자는 자리 잡기 힘들다. 대중문화 콘텐츠가 아직도 비정규직 노동자를, 그중 특히

---

14 일례로 과거 배달노동은 음식점 한 곳에 배달직원으로 취업해 그곳의 음식만 배달하는 형태(종래의 중국집 배달부를 생각하면 된다)가 주류를 이뤘다. 이는 배달음식이 중국요리, 치킨, 피자, 족발 등 한정적이었기 때문이다. 하지만 커피와 디저트까지 배달하는 현재는 종래의 근로계약 관계가 아닌 (배달대행업체나 중개 플랫폼을 매개로 한) 개인사업자와의 배송 위탁계약이 일반적이다. 노동의 형태는 이렇게 시대에 따라 변한다.

배달노동자를 단순히 못 배운 사람 내지는 먹고 살기 어려운 불쌍한 사람으로 묘사하고 있는지 유심히 살펴보자.

7장

아무개 씨는 이성애자입니다

아무개 씨는 시스젠더에 헤테로다. 이게 무슨 뜻
인지는 얼마 전까지만 해도 몰랐다. 시스젠더는
타고난 생물학적 성과 젠더 정체성이 일치하는 사
람, 그러니까 트랜스젠더와 대립되는 말이다. 헤
테로는 이성애자, 그러니까 동성애자와 대립되는
말이라고 한다. 아무개 씨가 이걸 어떻게 알았냐
고? 사실 관심이 있어서 찾아본 건 아니었다. 퀴
어퍼레이드인지 뭔지 그걸 시청역 앞 광장에서 하
는 바람에 본의 아니게 알게 됐다. 자기들끼리 연
애하고 그런 건 자유라도 쳐도 헐벗은 여장남자를
이렇게 날씨 좋은 일요일에 봐야만 했나? 성소수
자들이 나한테 피해를 준 건 아니니 그동안 포괄
적 차별금지법 제정에도 내 나름대로 우호적이었
는데 눈앞에서 직접 존재를 마주하니 무엇인가 이
질감이 드는 건 부인할 수 없다.

짙은 화장과 하이힐이 그들의 전부는 아니다

아무개 씨는 최근 영화 〈행오버2〉(2011)를 봤다. 만취 상태에서 트랜스 여성과 뜨거운 밤을 보낸 사실을 뒤늦게 알게 된 주인공이 헛구역질을 한다. 그걸 보니 짐 캐리 주연의 〈에이스 벤츄라〉(1994)가 생각난다. 범인이 트랜스젠더였다니!! 출연진 모두 바닥을 구르며 구토하는 장면에 포복절도했던 기억이 난다.

사건과 죽음을 통해 존재를 드러내는 트랜스젠더

2021년 3월 3일 변희수 전(前) 육군 하사의 죽음이 세상에 알려졌다. 변희수 하사는 전차조종수로서 부사관으로 복무 중 성전환 수술을 위해 군의 승인을 얻어 출국했다. 보고 체계에 따라 절차에 대한 사전 승인을 얻었고 법원은 변 하사의 성별정정신청도 받아들였다. 어린 시절부터 군인만을 꿈꿔온 변 하사는 여군으로 계속 군에 남기를 희망했다. 하지만 대한민국 육군본부와 국방부는 '남성 성기 상실 등 심신장애에 해당'한다는 사유로 직무복귀를 불허하고 전역 처분을 내렸다. 변 하사

는 불복절차를 거친 후 육군참모총장을 상대로 전역처분취소소송을 제기했고 소송 도중 죽음을 선택했다.[1]

변 하사보다는 덜 알려졌지만 그에 며칠 앞선 트랜스젠더들의 죽음도 충격이긴 마찬가지였다. 2월 8일에는 여러 연극상을 받은 재능있는 창작자인 이은용 작가가, 같은 달 24일에는 중학교 음악 교사이자 정치인인 김기홍 인권운동가가 세상을 등졌다. 불과 한 달 사이에 대중에 얼굴을 드러내며 소수자 인권을 위한 목소리를 높이던 트랜스젠더 세 명이 유명을 달리한 것이다. '성소수자를 지지하는 상담사 모임'은 이들의 죽음은 사회적 타살이라는 연대 성명을 발표했다.

한국 사회에서 트랜스젠더가 언론 보도에 오르는 계기는 주로 이런 '사건'과 '죽음'이다. 전역처분에 대한 논란으로. 그리고 트랜스 여성(MTF, Male To Female)의 여자대학교 입학을 둘러싼 논란[2]으로. 나아가 예고 없이 들려오는 부고로…. 트랜스젠

---

1   변 하사의 사망 이후 해당 소송은 유족들이 수계 받아 진행되었다. 2021년 10월 7일 대전지방법원 행정2부는 원고 승소 판결을 선고했다. 이로써 육군의 강제전역처분은 취소되었다. 법원은 '성별정정신청이 법원에 의해 받아들여졌고 변 하사가 이를 군에 보고한 만큼 군이 심신장애 여부를 판단할 당시를 기준으로 변 하사는 '여성'이었다고 전제했다. 이를 바탕으로 법원은 '여성을 기준으로 심신장애 여부를 판단해야 하고 남성을 기준으로 성기 상실 등의 장애가 있다고 보아서는 아니된다'는 결론을 내렸다. 이미 사회적·법률적으로 '여성'이 된 변 하사를 '남성'을 기준으로 심신장애가 있다고 본 육군의 처분은 부당하다는 것이다.

2   경향신문, '트랜스젠더 여학생 숙명여대 입학 포기'(2020. 2. 7.)

더들은 이런 방식으로 언론에 소개된다. 보도 속 그들은 어떤 모습이던가? 많은 인터뷰와 기자회견을 통해 공개적으로 의견을 밝힌 변희수 하사를 생각해보자. 군복을 입은 그는 안경을 낀 20대 초반의 앳된 얼굴의 젊은이다. 평생의 꿈인 군인으로 남으려는 의지를 보이는 젊은 사람일 뿐이다.

화려한 액세서리, 도도한 손끝 연기… 트랜스젠더 그 자체?

하지만 영화나 드라마가 그리는 트랜스 여성의 모습은 군인과는 거리가 멀다. 미디어가 그리는 트랜스 여성은 짙은 화장과 하이힐 그리고 몸의 실루엣이 훤히 드러나는 의상으로 쉽게 표현되곤 한다. 퀴어 퍼레이드에서의 드랙퀸(Drag Queen)으로 분장한 과장된 이미지가 곧 트랜스 여성의 모습으로 소비되는 양상이다. 드랙퀸은 애당초 젠더 이분법에 저항하기 위한 일종의 과장된 기호로서의 연출인데 미디어는 이를 정상성에서 벗어난 모습으로만 묘사하곤 한다.

미디어에서 트랜스 여성은 여장남자 조연으로 등장해 조롱과 희화화의 대상이 된다. 그렇지 않으면 혐오 범죄의 피해자, 아니면 극의 반전을 이끄는 놀라운 진범, 뭐 이런 식이다. 그러다 아주 간혹 극 중에서 중요한 역할을 맡고 끝까지 살아남아 새로운 미래를 여는 인물로 그려지기도 한다.

　　홍원찬 감독의 영화 〈다만 악에서 구하소서〉(2019)에서 배우 박정민이 연기한 유이가 그렇다. 영화는 인연을 끊고 살던 죽은 형에 대한 복수를 하겠다며 혈전을 불사하는 야쿠자 레이(이정재)와 이 세상에 존재하는 줄도 몰랐던 딸을 구하려고 태국까지 가서 죽을 고생을 하는 인남(황정민)이 주축이 되는 느와르다. 이 진한 남성 서사에 등장하는 비중 있는 여성 캐릭터는 트랜스 여성 유이가 유일하다. 영화에서 유이는 인남의 딸 유민(박소민)을 구출해내고 죽음을 맞는 인남을 대신해 유민의 보호자가 된다. 인남과 레이가 죽음을 맞이한 후 인남이 마련해 준 돈으로 파나마에 무사히 당도하는 유이와 유민의 뒷모습을 보면 가슴이 벅차기도 하다. 총질하고 칼질하던 마초들은 다 죽고 트랜스 여성과 부모 잃은 소녀가 살아남아 가족이 되었다!

　　혐오 범죄의 희생양이 되거나 구토를 유발하는 징그러운 존재 따위로 묘사되던 과거와 비교하면 일견 진일보한 재현이랄 수도 있다. 하지만 영화는 기존의 트랜스 여성에 대한 외형적인 편견을 답습한다. 짙은 화장, 배꼽티, 망사 스타킹, 굽 높은 샌들. 이는 총탄이 난무하는 시장통에서 아이를 안고 도망가는 유이의 옷차림이다. SNS 기반 미디어 인사이트는 인터넷 지면을 통해 영화의 이런 재현을 충실하게 복기했다. 기사는 '섹

시한 트랜스젠더 역으로 '다만악'에 나와 남자 관객 전부 홀린 박정민 스틸컷'이라는 제목 아래, "사진을 통해 공개된 박정민의 모습은 트랜스젠더 그 자체였다. 단발머리와 핑크색 옷, 화려한 액세서리로 온몸을 치장하면서 그는 여성스러운 매력을 어필했다. 매끄럽게 치켜세운 눈매, 도도한 손끝 연기 역시 박정민을 영락없는 트랜스젠더로 만들었다"고 썼다.[3]

배우 박정민은 2020년 제4회 한국영화평론가협회상과 2021년 제26회 춘사영화제에서 남우조연상을 수상한다. 말끔한 수트 차림의 그는 누가 봐도 매력적인 '남자'로 시상대에 오른다. 시상식에서 우리는 그가 사실은 얼마나 멋진 남자 배우인지 새삼 깨닫는다. 그럴수록 영화 속 유이라는 존재는 더 허구적으로 느껴진다.

트랜스젠더가 직접 말하는 미디어 속 자신의 모습

앞서 어떤 미디어는 '매끄럽게 치켜세운 눈매와 도도한 손끝 연기가 영락없는 트랜스젠더'의 모습이라던데, 단 한 번도 미

---

3   인사이트 엔터테인먼트, '섹시한 트랜스젠더 역으로 '다만악' 나와 남자 관객 전부 홀린 박정민 스틸컷'(2020. 8. 18.) 참조. 디지틀조선일보, [스타톡] 이정재 "'다만악에서 구하소서' 박정민, 각선미에 놀랐다'"(2020. 8. 5.) 역시 본문에서 "박정민은 '다만악에서 구하소서'에서 핫팬츠, 망사 스타킹 등 여성스러운 자태를 뽐낸다"며 트랜스 여성에 대한 편견을 그대로 드러낸다. 트랜스 여성을 묘사하는 언론의 태도는 '얼마나 잘 꾸몄는지'에 치중하는 경향이 있다.

디어에서 연기자가 아닌 실제 트랜스젠더를 보지 못하고 쓴 기사라면 그런 말도 너그럽게 봐줄 수는 있겠다. 하지만 넷플릭스의 다큐멘터리 〈디스클로저: 트랜스 리브스 온 스크린〉(2020)을 본다면 생각이 달라질 것이다. 이 작품은 트랜스젠더 작가, 배우, 영화감독 등의 인터뷰를 통해 할리우드가 트랜스젠더를 어떤 식으로 묘사해왔고 그러한 묘사가 트랜스젠더 사회에 어떤 악영향을 끼쳤는지를 통렬히 고발한다.

　　이 다큐멘터리에 따르면 미국인 중 80%는 사적으로 알고 지내는 트랜스젠더가 없다. 그러니 사람들 대부분은 트랜스젠더가 어떤 사람들이고 어떤 삶을 사는지를 미디어를 통해 배운다. 심지어는 트랜스젠더 본인도 자신을 어떻게 생각해야 할지 몰라 미디어의 영향을 받을 수밖에 없다. 가족이나 가까운 사람 중에 트랜스젠더가 없기 때문이다. 트랜스 여성들은 할리우드가 그리는 트랜스 혐오의 영향을 직접 받는다. 트랜스 남성(FTM, Female To Male)의 경우 미디어가 만드는 혐오와는 어느 정도 거리를 두고 있다고는 해도 또 다른 문제가 있다. 미디어 속에 아예 존재하지 않는 것이다. 현실과 달리 대중문화 콘텐츠에는 트랜스 여성의 수가 트랜스 남성의 수를 압도한다. 트랜스 여성이 남성보다 상품화하기 쉬운 까닭일 것이다. 나아가 트랜스젠더 역할을 시스젠더[4] 배우가 맡는 데에서 오는 부작용[5]과 지나치게 '수술'에만 집중하는 미디어의 태도 등 주류 사회에서 미처 모르고 지나쳤던 다양한 문제를 다룬다. 트랜스젠더와 미디어의 관계에 대한 이해를 넓혀 주는 수작이다.[6]

우리나라에서 법률적인 성별의 변경은 2006년 대법원이 전원합의체 판결을 통해 성별정정을 허용한 이후 제정된 대법원 예규 「성전환자의 성별정정허가신청사건 등 사무처리지침」 상의 요건에 따라 진행된다. 당초 예규는 '생식능력 제거'나 '외부성기 형성수술' 등을 요구해 성별정정 요건이 지나치게 엄격하다는 비판이 있었다. 이에 법원은 2020년 2월 이를 '허가기준

---

4   Cisgender. 생물학적 성과 성 정체성이 일치하는 사람. 트랜스젠더와 대비되는 개념으로 쓰이는 용어

5   국내의 대중문화 콘텐츠 속 트랜스젠더는 대부분 <다만 악에서 구하소서>의 배우 박정민처럼 시스젠더 배우가 연기했다. 예외적으로 이재용 감독의 <죽여주는 여자>(2016)의 트랜스 여성 티 나는 시스젠더가 아닌 실제 트랜스 여성이 연기해 긍정적인 평가를 받았다. 참고로 같은 문제의식의 기사는 오마이뉴스, '성소수자가 성소수자 연기를 하는 모습이 필요한 이유'(2020. 8. 20.)

6   같은 플랫폼이라고 소수자를 묘사하는 데 언제나 일관성을 갖는 것은 아닌가 보다. 넷플릭스는 <디스클로저> 같은 다큐멘터리를 만들어 놓고도, 트랜스젠더에 대한 노골적인 혐오 감정을 드러낸 스탠드업 코미디언 데이브 샤펠의 쇼 <더 클로저>(2021)를 서비스해 여론의 뭇매를 맞았다. 넷플릭스 직원 중 일부는 넷플릭스의 이런 태도에 반대해 파업을 주도하기도 했다.

및 조사사항'에서 '참고사항'으로 바꾸어 다소 완화했다. 2021년 10월에는 국내에서 처음으로 생식능력 제거 수술이 없어도 성별 정정을 허가하는 법원의 결정이 이루어졌다. 이젠 외과 수술을 하지 않은 성별 정정도 가능하다. 제도가 뒷받침하는 트랜스젠더의 유형이 더욱 다양해진 것이다.

　　미디어는 어떤가? 대중문화가 제도보다 더 진보적이고 포용적이라고 볼 수 있을까? 흔히 사회의 여러 영역 중 제도가 가장 느리게 변한다고 한다. 우리 사회의 비주류인 트랜스젠더를 바라보는 주류, 그러니까 시스젠더의 시각이 과연 제도의 변화보다 앞서 나간다고 말할 수 있을까? 생각해 볼 문제다.[7]

7　국가인권위원회는 2021년 2월 9일 국가기관으로서는 처음으로 '트랜스젠더 혐오 차별 실태조사' 결과를 발표했다. 591명의 트랜스젠더가 설문에 참여한 국내 최대 규모 연구이다. 설문조사에서 법적 성별정정을 했다는 응답자는 8%에 불과했는데, 의료적 조치비용, 법적절차, 건강상 부담 등의 이유로 응답자의 86%는 법적 성별정정을 시도한 적이 없는 것으로 파악됐다. 자세한 내용은 국가인권위원회 홈페이지(www.humanrights.go.kr)에서 찾아볼 수 있다.

동시대 최고의 PC 격전지: 동성애

아무개 씨는 혼란스럽다. 차별금지법 제정에 반대하는 사람들은 그런 법 때문에 동성애가 '합법화'되는 건 절대 용인할 수 없다고 하는데, 그럼 여태까지 동성애는 불법이었다는 말인가? 그렇다면 요즘 쏟아지는 동성애 코드의 드라마들은 모두 느와르 장르 같은 범죄물인가? 동성애는 이미 합법이라는 말도 들은 것 같은데, 대체 뭐지.

미디어 속 동성애는 낙인찍기·지우기·희화화의 결정판

요즘 같은 세상에 여성이나 장애인을 대놓고 비하하면 어떻게 될까? 비난받는다. 점잖은 사람이라면 '요즘 그런 말 하면 큰일나요' 정도로 에둘러 만류할 것이다. 그런데 유독 성소수자 문제, 특히 동성애에 대해서는 언론조차 혐오 표현을 꺼리지 않곤 한다. 개인 역시 적어도 동성애만큼은 혐오 감정을 감추지 않는 경우가 허다하다. 여러 소수자 이슈 중 유독 동성애에 대해서만 이렇게 야박한 이유는 뭘까? 굽힐 수 없는 종교적인 신념과 맞닿아 있기 때문이란 추측도 가능하지만, 여론을 주도하는 언론과 대중문화 콘텐츠가 아직 갈피를 잡지 못하고 있다는 점도 생각해 볼 만 하다. 최근 10년 사이 미디어 속 동성애는 엎치락뒤치락 혼란스러운 PC(정치적 올바름, Political Correctness)의 최고 격전지가 되었다.

언론에 의한 낙인부터 생각해보자. 2014년 3월 26일 서울종로경찰서는 이태원의 한 클럽에서 십여 명이 단체로 마약 파티를 벌였다는 사건을 공개했다. 같은 날부터 언론은 일제히 '동성애자'라는 단어를 기사 전면에 내세웠다. TV 방송사와 인터넷 언론사를 가리지 않았다. 수많은 기사 중 가장 자극적인 제목을 하나 골라봤다. 뉴스1의 "좀 더 짜릿하게...' 마약파티 동성애자 일당'이다. 기사는 친절하게도 "남성 동성애자와 성전환자들이 짜릿함을 더 맛보기 위해 마약을 투약하고 환각파티를 벌이다 무더기로 적발됐다"며, 피의자들 입장에 선 범행 동기까지 설명해준다.[8]

벌써 8년 전 사건이니까 너무 옛날 일이 아니냐고 반박할 수도 있겠다. 하지만 그 후로 언론이 성소수자에 대한 낙인 보도를 자제해왔는지는 의문이다. 코로나19 바이러스 창궐 초기

8   뉴스1, "좀 더 짜릿하게...' 마약파티 동성애자 일당'(2014. 3. 26.)

의 언론 보도를 떠올려 보자. 2020년 5월 7일 국민일보가 '[단독]' 타이틀을 단 기사를 내보내며 확진자의 동선에 이태원 게이 클럽이 있었다는 사실이 널리 알려졌다.[9] 이 기사를 시작으로 언론은 마치 기다렸다는 듯 게이 클럽의 내밀한 사정을 밝혀 댔다. 그러는 통에 많은 이들이 이태원의 게이 클럽과 찜질방, 목욕탕 등에서 어떤 일이 벌어지곤 하는지 본의 아니게 소상히 알게 되었다.

이쯤에서 언론의 면죄부로 등장하는 말이 '표현의 자유' 와 '알 권리'다. 하지만 그것이 타인의 인권을 깡그리 무시해도 괜찮은 무제한의 자유와 권리는 아니기에 기자들 스스로가 정해놓은 규칙이 있다. 한국기자협회와 국가인권위원회가 제정한 「인권보도준칙」[10] 제8장 성적 소수자 인권 제1항은 "언론은 성적 소수자에 대해 호기심이나 배척의 시선으로 접근하지 않는다"라는 표제 하에 '다'항에서 "반드시 필요하지 않을 경우 성적 지향이나 성 정체성을 밝히지 않는다"라고 명시하고 있다. 확진자가 이태원의 케밥집이든 커리집이든 피자집이든 어느 음식점을 다녀왔는지 명시할 필요가 없는 것처럼 다녀간 클럽이 게이 클럽인지 그냥 클럽인지 굳이 명시할 이유는 없다. 성소수

---

9   국민일보, '[단독]이태원 게이클럽에 코로나19 확진자 다녀갔다'(2020. 5. 7.)

10   한국기자협회 홈페이지(www.journalist.or.kr) → 협회소개 → 정간·보도준칙 등 → 인권보도준칙

자를 싸잡아 범죄자로 낙인찍어 클릭 수를 올리려는 목적이 없다면 말이다.

협회 차원의 보도준칙이랄 게 따로 없는 콘텐츠 시장에서는 동성애자에 대한 낙인이 조금 더 가벼운 방식으로 이루어진다. 동성애자의 존재를 콘텐츠 내에서 아예 지우거나 그렇지 않다면 회화화해 멸시하는 방식이 흔하다. 오락 목적이라는 소비 양상만 가벼울 뿐이지 당사자에게 남기는 상처는 묵직하다.

먼저 동성애를 삭제한 사례부터 살펴보자. 2021년 2월 SBS는 설 연휴 특선 영화로 내보낸 〈보헤미안 랩소디〉(2018)에서 동성 간 키스 장면을 삭제하거나 모자이크 처리했다. 주인공 프레디 머큐리의 동성 간 키스신이 2회 삭제됐고 남성 단역 배우 사이의 키스신 1회가 모자이크로 방영됐다. 논란은 소셜 미디어를 중심으로 시작해 언론과 방송으로 퍼졌고 급기야 방영 후 약 1주일 뒤에는 성소수자 시민단체 '성소수자차별반대 무지개행동'이 국가인권위원회에 진정을 제기하기에 이르렀다. '동성 간 키스신을 편집한 것은 전국의 시청자들에게 동성애는 부적절하다고 말한 것과 다름이 없는 차별행위'라는 요지이다. SBS는 "지상파에서 15세 이상 시청가로 방송하는 설 특선 영화라는 점을 고려한 편집일 뿐 다른 의도는 없었다"고 해명했다. 국내에서 영화 〈보헤미안 랩소디〉가 12세 관람가 등급으로

994만 명의 흥행 기록을 갖고 있다는 점을 고려한다면 SBS의 위 해명이 충분치 않다는 의견도 있었다.

국가인권위원회는 뭐라고 했을까? 인권위는 "성적 지향을 이유로 특정한 사람에 대한 구체적인 피해가 발생했다고 보기 어렵다"며 위 시민단체의 진정은 각하했다. 다만 "동성 간 키스 장면을 삭제하거나 모자이크 처리한 행위는 성소수자에 대한 부정적 관념과 편견을 심어줄 수 있다"며 "성소수자에 대한 부정적 관념과 편견이 확대·재생산되지 않도록 하고, 방송 편성 시 성소수자와 같은 사회적 약자를 배제하지 않도록 개선할 필요가 있다"고 지적했다. 삭제 조치에 대한 개선을 촉구한 것이다.

'삭제'가 소극적인 방법이라면 '희화화'는 적극적 차별행위다. 현재 동성애자에 대한 노골적인 희화화는 웹툰이 주도하고 있다. 네이버 토요웹툰 〈프리드로우〉는 2013년부터 현재까지 1등 웹툰으로 명성을 떨치고 있다. 작품 속 인물인 장봉남은 격투 능력으로는 최강에 가까운 동성애 남성으로 설정되어 있다. 주로 상의를 탈의하고 있고 분홍색 팬티(삼각형을 넘어서 T자에 가깝다)를 즐겨 입는 고등학생이다.[11] 웹툰 속에서 그는 예외 없이 우스꽝스러운 존재로 묘사된다. 분홍색 팬티만 입고 나

---

11 2022년 현재는 성인인 설정이다.

왔을 때 가장 강력한 격투 능력을 보이는 그는, 상의를 탈의한 뇌쇄적인 포즈로 얼굴을 붉힌 채 2022년 4월 1일 만우절 이벤트에 "장봉남 일일 데이트권"으로 등장했다. 작품 밖에서조차 희화화된 게이로서의 존재감을 드러낸 것이다. 남성 동성애자는 웹툰 〈참교육〉 제32화와 같이 교도소 샤워장에서 나체 상태로 갑자기 윙크를 해 타인을 당혹케 하는 인물로 묘사되기도 한다. 웹툰 시장은 여러 차례 동성애 혐오 논란을 겪으면서도 꾸준히 차별적 콘텐츠를 생산해내고 있다. 협회 차원의 모니터링이 주기적으로 이루어지고 있는 것도 아니어서 '재밌는데 뭐가 문제냐'는 의견 속에 사실상 방치되고 있다고 볼 수 있다.

드라마는 어떨까? 과거에는 MBC 〈커피프린스 2호점〉(2007), SBS 〈미남이시네요〉(2009), KBS2 〈성균관 스캔들〉(2010)에서와 같이 주인공 남성이 남장 여성을 남자로 착각하고 사랑에 빠져들며 혼란을 겪는 상황을 설정하곤 했다. 이는 동성애적 묘사를 하면서도 결론에 있어서는 동성애와 거리를 두는 '안전한' 방식이었다. 이후에는 tvN 〈응답하라 1997〉(2012), JTBC 〈멜로가 체질〉(2019) 등 다수의 드라마에서 조연으로서 동성애에 대한 섬세하고 긍정적인 묘사가 이루어지기도 했다. tvN 〈마인〉(2021)에서는 레즈비언이 극의 주역으로 등장한다. 2022년 2월엔 국산 OTT 왓챠에서 그동안 웹툰과 웹소설 등에서 저변을 넓혀오던

BL(Boy's Love, 남성 동성애 로맨스물)을 드라마 〈시맨틱 에러〉로 제작·방영해 큰 관심을 끌기도 했다.

법 제도에서 아직은 정리되지 않은 동성애 문제

앞서 살펴본 바와 같이 동성애를 둘러싼 미디어의 태도는 한마디로 '혼란'이다. 범법과 일탈을 일삼는 집단으로 낙인찍기도 하고 존재 자체를 감추기도 하며 우스꽝스러운 존재로 그리다가도 진지한 묘사를 시도하기도 한다. 여성이나 장애인 등과 같은 소수자 집단과는 달리 그들의 존재 자체를 불온하게 여기는 일부 언론 활동도 여전히 활발하다. 이런 혼란은 상당 부분 우리 법 제도 내에서도 동성애에 대한 지위가 명백하게 합법 또는 불법으로 정리되지 않았던 측면과 무관하지 않다.

우리 법과 제도는 동성애를 어떻게 바라보고 있을까? 일단 우리나라는 동성 간의 결혼을 허락하지 않는다. 동성혼이 제도화되지 않은 것이다. 다만 이는 정책상의 문제일 뿐이다. 동성 간의 교제나 성행위가 형법에 의해 처벌 되는 것도 아니니 동성애를 불법이라고 말할 수는 없다.

하지만 최근까지도 동성 간의 성행위가 처벌받는 예외적인 경우가 있긴 했다. 「군형법」이 바로 그것이다. 「군형법」 제92

조의6은 군인과 군무원 등이 항문성교를 하거나 그 밖의 추행을 하면 2년 이하의 징역에 처한다고 정한다. 실제로 이 조항에 근거해 군대 안팎에서 동성과 합의하고 성관계를 맺은 여러 군인이 처벌받았다. 사병이든 간부든 가리지 않았다. 현재 대한민국에 살아있는 법이다. 우리나라에서 동성애가 완전한 합법의 영역에 있다고 말하기는 어려운 이유였다. 합의한 성관계까지 처벌하는 이 조항에 대해선 끊임없이 위헌 논란이 뒤따랐다. 헌법재판소는 2002년, 2011년, 2016년 세 차례에 걸쳐 모두 합헌 판단을 내렸다. 현재 또 하나의 위헌법률심판이 심리 중이다.

그런데 최근 큰 전환점이 될만한 판결이 이루어졌다. 2022년 4월 21일 대법원이 전원합의체 판결로 위 「군형법」 제92조의6의 적용범위를 제한한 것이다. 대법원은 "동성인 군인 사이의 성관계, 그 밖의 이와 유사한 행위가 '사적 공간에서 자발적 의사 합치에 따라 이루어지는 등' 군이라는 공동사회의 건전한 생활과 군기를 직접적, 구체적으로 침해한 것으로 보기 어려운 경우"에는 위 처벌조항이 적용되지 않는다고 판결했다.[12] 이는 성관계에 대한 합의 여부를 따지지 않고 유죄를 인정하던 과거의 판례를 폐기한다는 의미다. 이번 대법원의 판례 변경을 감안한다면 현재 계류 중인 헌법재판소의 위헌법률심판에서 위

---

12   대법원 2022. 4. 21. 선고 2019도3047 전원합의체 판결

헌 결정이 이루어질 가능성이 상당하다.[13]

　「군형법」상의 논란뿐만 아니라, 포괄적 차별금지법의 제정을 둘러싼 반대 논의도 주로 동성애를 키워드로 이루어지고 있다. 법안에서 '성적 지향'이라는 단어를 빼면 법안의 통과를 받아들일 수 있다는 입장도 결국 동성애를 이유로 한 공적인 차별이 명백히 '불법'이 되는 것을 용납할 수 없다는 주장의 완곡한 표현이라 볼 수 있다. 이처럼 법 제도 내에서 여전히 동성애 문제가 정리되지 않은 이상 미디어에서의 혼란도 한동안은 지켜볼 수밖에 없을 것 같다.

　우리나라만 동성애를 둘러싼 혼란을 겪고 있는 것은 아니다. 미국 플로리다주는 2022년 3월 28일 학교에서 초등학교 저학년생 등 어린 학생들에게 동성애 관련 교육을 하지 못하도록 법제화했다. 이에 대해 조 바이든 미 대통령은 이 법안이 혐오스럽다며 반대했고, 미국 대중문화 콘텐츠 시장의 PC를 주도하는 디즈니 사(社)의 CEO는 플로리다주에 정치자금 기부를 중

13　대법원 전원합의체판결이 판례 변경은 해당 조항의 '적용 범위를 제한'한 것이다. 만약 헌법재판소의 위헌 결정이 이루어진다면, 이는 대법원의 '적용 범위 제한'을 뛰어넘어 아예 해당 조항을 '삭제'해버리는 효과가 있다.

단하겠다고 밝혔다. 이에 대해 플로리다주 상·하원은 디즈니에 대한 '특별 조세 지구'의 지정을 취소하는 법안을 가결하는 방식으로 대응했다.[14] 비교적 성소수자에 포용적이라고 여겨지는 미국도 이러하니 동성애에 대해 보수적이며 법의 태도마저 하나로 정리되지 않은 우리나라의 갑론을박은 오히려 자연스럽게 느껴진다. 제도도 이러하니 미디어는 어떠하랴. 동성애를 숨겨놓고 쉬쉬하던 과거에 비하면 이런 혼란이나마 차라리 다행이라고 해야 할까.

---

* 필자의 기대와는 달리 헌법재판소는 2023. 10. 26. 위 군형법 조항에 대해 재판관 5대4 의견으로 합헌 결정을 했다. 이 결정으로 해당 조항은 효력을 유지하지만, 적용 범위는 앞서 설명한 2022년 대법원 전원합의체판결의 해석에 따라 제한될 것이다.

---

14   조선일보, '디즈니 "동성애 교육 금지한 플로리다에 정치자금 중단"'(2022. 3. 12.), 한겨레, '플로리다 성교육 논란 휘말려 '디즈니왕국' 존망 위기'(2022. 4. 21.), 한국경제, '디즈니, 50년 특권 반납하나.. '동성애지지' 후폭풍'(2022. 4. 22.)

포괄적 차별금지법에 대한 오해와 진실

아무개 씨는 퇴근길에 라디오 토론을 즐겨 듣는다. 그날
의 주제는 포괄적 차별금지법이었다. 법이 통과되면 일
상에서의 사소한 동성애 반대 행위도 처벌의 대상이 된
다고 한다. 석 달 후 방송통신심의위원회가 이 라디오
프로그램에 대해 공정성과 객관성 위반을 이유로 법정
제재를 의결했다는 사실은 아무개 씨에게 도달하지 못
한다.[15]

차별에 대해 헌법은 성긴 그물, 단행법은 촘촘한 그물

소수자를 차별해선 안 되는 이유는 무엇일까? 천

---

15   연합뉴스, '차별금지법 반대의견만 전한 종교방송 2개 '법정제재' 의결'(2020. 11.
9.) 참조. 방송통신심의위원회는 FEBC(극동방송) AM <행복한 저녁 즐거운 라디오>와
CTS기독교TV <긴급대담 - 포괄적 차별금지법 통과 반드시 막아야 한다> 프로그램에
대해 법정제재인 '주의'를 의결하며 "포괄적 차별금지법의 골자는 합리적 이유가 없는
차별을 금지하는 것이지 동성애에 대한 반대 행위를 무조건 금지하는 내용이 아님에도
일부 출연자는 성소수자를 비상식적 존재로 폄훼했을 뿐 아니라 사실이 아닌 내용을
근거로 동성애에 대한 편견을 조장하고 시청자를 오인케 했다"고 지적했다.

부인권으로 시작해 사회문화적·인문학적 논증이 수두룩하지만 일단 법리적인 차원에서만 접근해보자. 먼저 최상위 규범인 「대한민국헌법」이 있다. 우리 헌법 제11조 제1항은 "모든 국민은 법 앞에 평등하다. 누구든지 성별·종교 또는 사회적 신분에 의하여 정치적·경제적·사회적·문화적 생활의 모든 영역에 있어서 차별을 받지 아니한다"라고 정한다. 하지만 아쉽게도 헌법 조항은 성긴 그물이다. 차별의 주체, 대상, 행위가 무엇인지 구체적으로 설명하지 않는다. 게다가 헌법은 기본적으로 국가권력과 국민의 관계를 설정하는 규범이다 보니 사인(私人) 간의 관계에는 매우 제한적으로만 관여한다. 일상적으로 벌어지는 차별행위에 대해 매번 헌법 제11조를 들이밀며 부당함을 주장하는 것은 참치 잡는 그물로 멸치를 잡으려는 일처럼 보인다.

법률은 헌법에 비해 촘촘한 그물이다. 시행령과 시행규칙으로 그물코는 더욱 정교해진다. 현재 우리나라에는 「장애인 차별금지 및 권리구제 등에 관한 법률」, 「고용상 연령차별금지 및 고령자고용촉진에 관한 법률」, 「남녀고용평등과 일·가정 양립 지원에 관한 법률」 등 개별적 차별금지법이 있다. 하지만 문제는 남아 있다. 차별의 원인이 되는 쟁점을 하나하나 전부 단행법으로 제정하는 것은 이론상으로도 현실적으로도 불가능하기 때문이다. 인간과 인간 사이의 차이점은 끝도 없이 만들어낼 수 있으니 말이다.

그래서 꽤 오랫동안 포괄적 차별금지법을 제정해야 한다는 목소리가 있었다. 우리나라는 2008년부터 UN의 포괄적 차별금지법 제정 권고를 수차례 받아 왔다. 실제로 국회가 2007년부터 몇 차례에 걸쳐 입법을 시도했지만 그때마다 회기 종료와 함께 폐기되고 말았다. 현재 회기 중인 제21대 국회에서는 2020년 6월 29일 정의당의 장혜영 의원 등 10인이 「차별금지법안」을 발의했다. 2021년 6월 16일에는 더불어민주당의 이상민 의원 등 24인이 「평등에 관한 법률안」을, 8월 9일 같은 당 박주민 의원 등 13인이 「평등에 관한 법률안」을, 8월 31일에는 같은 당 권인숙 의원 등 17인이 「평등 및 차별금지에 관한 법률안」을 발의했다. 이로써 제21대 국회에는 총 4개의 차별금지법안이 계류 중이다.

정의당의 「차별금지법안」은 "합리적인 이유 없이 성별, 장애, 나이, 언어, 출신 국가, 출신 민족, 인종, 국적, 피부색, 출신 지역, 용모 등 신체조건, 혼인 여부, 임신 또는 출산, 가족 및 가구의 형태와 상황, 종교, 사상 또는 정치적 의견, 형의 효력이 실효된 전과, 성적지향, 성별정체성, 학력, 고용형태, 병력 또는 건강상태, 사회적신분" 등을 이유로 "특정 개인이나 집단을 분리·구별·제한·배제·거부하거나 불리하게 대우하는 행위"를 차별로 정한다. 더불어민주당이 발의한 3개의 평등법안도 비슷하다.

거짓 정보로 반대 여론 주도하는 인터넷 카페와 일부 종교 단체들

합리적인 이유 없는 차별에 반대한다는 차별금지법의 제정을 반드시 막아야 한다는 목소리도 있다. 표현의 자유·영업의 자유와 평등권 사이의 아슬아슬한 줄타기에 대한 우려를 표명하는 합리적이고 건전한 반대의견도 있고 단순히 변화가 싫은 것 같은 의견도 보인다. 인터넷 포털 검색창에 '차별금지법 반대'라고 입력한 뒤 가장 먼저 보이는 결과물을 그대로 옮겨보겠다. 제목은 "차별금지법 반대부탁드립니다"이다.[16] 내용을 보자. "지금 통과시키려는 차별금지법은 특정 소수자들이 싫다는 말조차도 할 수 없게 만드는 악법입니다. 싫다고 말하면 고소 당할 수 있습니다. 게다가 나중에는 소아성애자까지 성적취향이며 합법으로 인정해달라고 하는 게 수순입니다." 이런 글조차 호응을 얻고 있다. 글쓴이는 이어 말한다. "동성애에 대해서 찬성만 가능하고 반대는 불가하게 됩니다. 이것은 자유민주주의 국가에서 있을 수 없는 역차별 법입니다."

기본적인 정보 확인조차 하지 않은 선동가다. 저런 게시물을 쓴 사람은 과연 자신이 반대한다는 법안을 단 한 번이라도

---

16 https://cafe.naver.com/wjswnaka/4364786

제대로 읽어보았을까? 아니라고 본다. 법안을 읽어봤거나 적어도 자기 생각이 사실인지 확인해 보고자 언론 기사 몇 개를 검색하기만 했더라도 깨달을 수 있는 명백한 거짓이다. 거짓이라는 걸 알고서도 선동하는 글을 쓴 것이라면 그건 더 큰 문제다. 건전한 반대의견에 대한 민폐이기도 하다.

「차별금지법안」은 제1조에서 천명하고 있듯이 정치적·경제적·사회적·문화적 생활의 모든 영역의 차별을 금지하는 것을 목적으로 한다. 이는 이 법의 제정을 통해 달성하고자 하는 이상향이다. 하지만 궁극적인 희망 사항일 뿐 실제로 법안이 적용 대상으로 삼는 분야는 우리 생활의 모든 영역이 아니다. 고용, 교육, 행정서비스 등 공적인 4개의 영역에 한정된다.[17] 그렇기 때문에 개인 간의 대화에서 동성애는 나쁜 것이고 동성애자를 싫어한다고 말하는 상황은 애당초 이 법의 포섭 범위에 들어가지 않는다. 종교인이 예배 등을 주관하며 동성애를 반대하는 말을 해도 마찬가지다. 종교적인 설교나 전도는 개인 간의 대화와 마찬가지로 차별금지법의 대상 영역이 아니다. 다시 말해 차별

---

[17]   장혜영 의원의 차별금지법안이 한정적으로 금지한 차별 영역은 다음과 같다. ① 고용(모집, 채용, 교육, 배치, 승진·승급, 임금 및 임금 외의 금품 지급, 자금의 융자, 정년, 퇴직, 해고 등을 포함한다), ②재화·용역·시설 등의 공급이나 이용, ③교육기관 및 직업훈련기관에서의 교육·훈련이나 이용, ④행정서비스 등의 제공이나 이용. 국회 의안정보시스템(https://likms.assembly.go.kr/)의 '의안검색' 탭에서 검색 후 확인할 수 있다.

금지법은 앞서 소개한 선동가들의 주장대로 '특정 소수자들이 싫다는 말조차도 할 수 없게 만드는 악법'이 아니라는 얘기다. 번지수를 잘못 찾은 주장이다.

'고소당할 수 있다'라는 말도 마찬가지다. 소수자에 대한 혐오적 언사만으로도 전과자가 될 수 있다는 공포를 퍼뜨리는 거짓 주장이다. 법안에서 정하는 공권력으로는 차별행위로 국가인권위원회의 권고를 받은 자가 정당한 사유 없이 권고를 이행하지 아니할 때 행할 수 있는 '시정명령'이 있다. 시정명령을 이행하지 않을 때는 '이행강제금'을 부과할 수 있다. 이는 행정상 처분으로서 흔히 우리가 말하는 전과자(前科者)가 되는 형사처벌과는 다른 개념이다. 행정상 처분에 대해서는 처분 전 의견 청취 절차가 있고, 처분 이후 이의신청 절차가 보장되어 있다.

형사처벌 조항이 하나 있긴 하다. 차별에 대한 문제 제기를 했다는 이유만으로 해고, 전보, 징계, 퇴학 등의 '보복'을 한 사용자 및 임용권자, 교육기관의 장에 대한 벌칙 조항이다. 그러한 보복조치는 무효이며, 보복을 한 사용자 등은 1년 이하의 징역 또는 1천만 원 이하의 벌금에 처할 수 있다. 보복조치를 하는 사장이나 기관장이 되지 않는 이상 차별금지법에 따른 형사처벌을 걱정할 필요는 없다. 자신의 차별적 처분에 대해 문제 제기를 하는 구성원을 절대 용서하지 않는 기관장이 되겠다는 매우 구체적인 계획을 세운 사람이 차별금지법을 반대한다면…

뭐 그 정도로 신념이 확고하고 계획적인 사람이라면 차별금지법에 반대한다고 뭐라 할 수는 없겠다.

차별금지법에 대한 반대 여론을 만드는 이들이 모두 경솔한 선동가일 리 없다. 찬성하는 이들처럼 반대하는 이들도 똑같이 사리분별력 있고 명민한 사람들이다. 당연히 차별금지법이 정하는 금지 대상과 영역도 잘 알고 있을 터이다. 그런데도 거짓 선동을 모른 척하며 은근히 부추기고 나아가 적극적으로 사실이 아닌 뉴스를 퍼뜨리는[18] 또 다른 이유가 있을 것 같다.

우리나라는 역사적으로 종교가 각종 사회복지시설이나 교육기관을 운영하며 상당히 많은 고용을 창출해 왔다. 현재도 마찬가지다. 차별금지법으로 인해 영업의 자유에 제약이 생기는 부분은 바로 여기다. 종교단체가 운영하는 사회복지시설에서 근로자를 고용하면서 트랜스젠더라는 이유로 채용을 거절한다면 이는 시정권고의 대상이 되어야 할까? 동성애 성향이 있다는 이유로 전학을 종용하는 교육기관이 종교재단 학교라면? 이는 설교나 예배에서 종교인의 언사가 제한될 수 있다는 걱정과는 다른 층위의 문제다. 종교와 세속사회, 종교활동과 영업활동은 칼로 무 자르듯 경계를 명료하게 나눌 수 없기 때문이다.

---

18 각주 15 참조

우리가 맞닥뜨릴 현실의 문제는 이렇게 복잡하다. '동성애자가 싫다고 말하면 고소당합니다'와 같이 즉각적으로 거부감을 내비칠 수 있는 게 아니란 뜻이다. 문제가 복잡할수록 그리고 생각할 여지가 다양하면 다양할수록 찬반은 나뉘게 마련이다. 그러니 차별금지법을 반대하는 이들 중 일부는 즉각적인 거부감과 공포를 일으키는 선동에 매력을 느끼는 것 같다.

차별금지법이 일단 제정되면 변화의 흐름은 봇물 터지듯 거세질 것이다. 한 번 굳어진 시대의 흐름은 역행하기 어렵다. 그간 고용, 교육, 행정 등에서 자유롭게 행하던 차별행위를 계속하고자 하는 이들은 상당한 불편을 겪을 것이다. 행위에 앞서 한 번 더 생각해야 하고 이의제기에 대해 대답해야 하고 지리한 불복절차를 거쳐야 할 것이다. 이런 불편이 평등한 사회를 위한 대가라면 기꺼이 치르고 싶다. 차별금지법은 '단죄'하기 위한 법이 아니다. 평등을 제도적으로 권장하는 법이다. 평등이 보장되는 세상에서는 우리 모두가 지금보다 더 안전하고 자유로워질 수 있다.

나가는 말

대한민국에서 영원히 주류로 살 줄 알았던 아무개 씨. 그는 몇 달 전까지 소수자 경험을 톡톡히 했다. 의료적인 이유와 개인적인 판단이 버무려져 코로나19 백신을 맞지 않기로 결심한 것이다.

백신을 맞지 않자 세상이 아무개 씨를 대하는 태도가 달라졌다. 카페와 음식점, 대형마트에 출입할 수 없는 것은 물론이고 회사에서는 백신 미접종자를 해고하려 한다는 소문도 돌았다. 설마? '백신 접종 증명 및 음성확인서(백신 패스)'가 없어 식당에 갈 수 없으니 아무개 씨만 빼고 만나기 미안해진 친구들은 아예 모임을 취소했다.

의료적 예외사유를 증명하면 된다고는 하는데 요건이 너무 까다롭다. 매일매일 긴 줄을 서서 음성확인서를 받아오는 것도 불편하다. 게다가 어떤 식당에서는 음성확인서만으로는 출입을 시켜주지도 않는다. 아무개 씨는 순식간에 소수자가 되어버렸다. 나를 환영하지 않는 세상. 가짜 뉴스에 현혹되어 백신을 거부한 것이라고 단정 짓는 시선들. 이런 불편과 억울함은

난생처음이다.

　작위적인 설정이라는 생각이 드는 독자가 있을 수도 있겠다. 하지만 이는 실제 사례다. 내가 몸담고 있는 법률사무소의 대표변호사님은 자타가 공인한 알파메일(Alpha Male)이다. 풍채 좋고 능력 있는 전문직 중년 남성이다. 아무개 씨처럼 대대로 한국 사람에 이성애자 비장애인 서울 사람이기도 하다. 코로나 팬데믹 상황에서 그는 백신을 맞지 못하는 바람에 순식간에 소수자가 되었다. 동료 변호사들과 직원들이 점심을 먹으러 삼삼오오 나가는 모습을 바라보며 홀로 도시락 뚜껑을 여는 그의 모습은…. 누구나 일순간에 소수자가 될 수 있다는 사실의 살아있는 증거였다. 비록 수개월에 불과한 짧은 체험이었지만.

　이런 경험은 소수자 문제를 입체적으로 판단하는 데에도 도움이 된다. 모든 면에서 완전히 주류인 사람의 숫자가 적은 것처럼 모든 면에서 전부 비주류인 사람도 드물다. 남성 장애인은 비장애인과의 관계에서 소수자이지만 여성 장애인과의 관계에서는 젠더적으로 주류에 해당한다. 여성 장애인에 고유한 문제 제기가 조금씩 터져 나오는 이유이기도 하다. 소수자를 단 하나의 카테고리로 묶어 납작하게 낙인찍어 버리는 건 인간이라는 존재를 자세히 들여다보는 걸 포기하는 일이다.

소수자 개념은 이렇게 상대적이고 가변적이다. 하지만 혐오와 차별이 하나의 '문화'가 되어 버린다면 그 변화의 속도는 더딜 수밖에 없다. 평생을 낙인찍힌 채로 살아가야 하는 사람들이 생기는 셈이다. 그 문화도 결국에는 바뀔 수 있다. 균열은 바로 독자들로부터 시작된다.

이제야 그들이 눈에 보인다. 납작하지 않고 올록볼록 입체적으로, 그리고 투명하지 않고 또렷하게 말이다.

참고 문헌

본문의 내용에 반영하지 않더라도 전체적으로
읽고 음미한 논문과 단행본 모두를 기재했다.

들어가는 말

김두식, 『불편해도 괜찮아』, 2010, 창비

박면영, 『지금, 또 혐오하셨네요』, 2020, 북트리거

복길, 『아무튼, 예능』, 2019, 코난북스

오팡시브(양영란 역), 『재미가 지배하는 사회』, 2016, 갈라파고스

이정희, 『혐오표현을 거절할 자유』, 2019, 들녘

1장

강준만, 『바벨탑 공화국』, 2019, 인물과사상사

강준만, 『지방식민지 독립선언』, 2015, 개마고원

임영호, 「텔레비전 오락물에 나타난 내부 오리엔탈리즘과 지역 정체성 구성」, 2002, 한국언론학보 제46권 제46-2호

정승철, 『방언의 발견』, 2018, 창비

주재원, 「만들어진 지역성: 상상된 고향과 내부 오리엔탈리즘」, 2020, 한국방송학보 제34권 제5호

황영주, 「(부)조화의 공간으로서 산복도로와 해운대: 내부 오리엔탈리즘으로 읽는 부산」, 2016, 문화와정치 제3권 제2호

2장

소준철, 『가난의 문법』, 2020, 푸른숲

신경아, 「혐로(嫌老)사회: 뉴스 댓글에 나타난 노인인식과 공공PR의 과제」, 2020, 광고학연구, 제31권 6호

양선희, 「TV드라마 〈눈이 부시게〉에 나타난 노인 재현의 변화와 사회적 함의」, 2020, 영상문화콘텐츠연구 제20권

이여주, 「노인혐오에 대한 진화론적 개념분석」, 2021, 노인간호학회지 제23권 1호

임상범, 『혐로사회』, 2018, 좋은땅

한희정, 「TV 광고의 어린이·청소년 재현 문제와 대안적 사유」, 2021, 한국엔터테인먼트산업학회논문지, 제15권 2호

허5파6, 『여중생A』 1~5권, 2017, 비아북

헤더 몽고메리(정연우 역), 『유년기 인류학』, 2015, 연암서가

3장

김현미, 『우리는 모두 집을 떠난다』, 2014, 돌베개

박범종, 「영화 〈완득이〉를 중심으로 본 다문화사회의 차별과 소통」, 2019, 문화와 융합 제41권 2호

염운옥, 『낙인찍힌 몸』, 2019, 돌베개

윤일수, 「다문화를 바라보는 현대인의 시선 - 다문화가족 소재 영화 〈나의 결혼원정기〉와 〈완득이〉를 대상으로」, 2016, 현대사상과 문화 제83권

은유, 『있지만 없는 아이들』, 2021, 창비

이유혁, 「다문화주의에 관한 공적 페다고지로서의 영화 : 〈방가? 방가!〉에 나타난 마이너 트랜스내셔널리즘과 소수자 공간정치」, 2019, 다문화와 평화 제13집 3호

전지니, 「소수자는 연대할 수 있는가? 2016년의 여성영화가 던진 질문 - 〈미씽〉과 〈죽여주는 여자〉에 대한 재고」, 2017, 대중서사연구 제23권 4호

한주, 『조선족 재발견: 자랑스러운 또 다른 한민족의 역사』, 2017, 유아이북스

한희정, 신정아, 「서발턴으로서 조선족 여성의 재현: 영화 〈미씽: 사라진 여자〉(Missing, 2016)」, 2018, 한국소통학보 2018년 제17권 제1호

4장

강준만, 『오빠가 허락한 페미니즘』, 2018, 인물과사상사

구자준, 「전략적 여성혐오 서사의 등장과 그 의미 - 웹툰 〈뷰티풀 군바리〉를 중심으로」, 2017, 대중서사연구 제23권 3호

권김현영, 『여자들의 사회』, 2021, 휴머니스트

김수정, 『아주 오래된 유죄』, 2020, 한겨레출판

김지은, 『김지은입니다』, 2020, 봄알람

위근우, 『다른 게 아니라 틀린 겁니다』, 2019, 시대의창

이수정, 이다해, 최세희, 조영주, 『이수정 이다해의 범죄 영화 프로파일』, 2020, 민음사

정희진, 『페미니즘의 도전』, 2020, 교양인

주유신, 『시네페미니즘』, 2017, 호밀밭

추적단 불꽃, 『우리가 우리를 우리라고 부를 때』, 2020, 이봄

5장

김도현, 『장애학의 도전』, 2019, 오월의봄

김초엽, 김원영, 『사이보그가 되다』, 2021, 사계절

류승연, 『사양합니다, 동네 바보 형이라는 말』, 2018, 푸른숲

마선옥, 김도운, 『장애가 장애가 되지 않게』, 2021, 문진

마쓰나가 다다시(황미숙 역, 한상민 감수), 『내 아이는 자폐증입니다』, 2020, 마음책방

수잔 L. 나티엘(이상훈 역), 『세상이 지켜주지 못한 아이들』, 2020, 아마존의나비

아른힐 레우뱅(손희주 역), 『나는 자주 죽고 싶었고, 가끔 정말 살고 싶었다』, 2020, 생각정원

장혜영, 『어른이 되면』, 2019, 시월

정창조, 강혜민, 최예륜, 홍은전, 김윤영, 박희정, 홍세미, 『유언을 만난 세계』, 2021, 오월의봄

E. 풀러 토리(정지인 역), 『조현병의 모든 것』, 2021, 푸른숲

6장

강혜인, 허환주, 『라이더가 출발했습니다』, 2021, 후마니타스

김경희, 『꿈꾸는 유령, 방과후 강사 이야기』, 2021, 호밀밭

김하영, 『뭐든 다 배달합니다』, 2020, 메디치

남보라, 박주희, 전혼잎, 『중간착취의 지옥도』, 2021, 글항아리

류현종, 「초등학교 사회과 교과서에 나타난 노동 이미지」, 2019, 사회과교육연구 제26권 3호

은유, 『알지 못하는 아이의 죽음』, 2019, 돌베개

장귀연, 『비정규직』, 2009, 책세상

조정진, 『임계장 이야기』, 2020, 후마니타스

최훈, 『나는 아파트 경비원입니다』, 2021, 정미소

허태준, 『교복 위에 작업복을 입었다』, 2020, 호밀밭

7장

이반지하, 『이웃집 퀴어 이반지하』, 2021, 문학동네

이주민, 『왜 차별금지법인가』, 2021, 스리체어스

이정기, 「한국 성소수자 광고의 특성과 허용 필요성에 관한 탐색 - 성소수자 광고 불허 및 허용 사례를 중심으로」, 2019, 사회과학연구 제35권 3호

최승철, 『차별금지법의 이해』, 2011, 한울아카데미

세상 모든 것에 감탄하는
지혜로운 사람들의 공간
도서출판 호밀밭

납작하고 투명한 사람들
ⓒ 2022, 백세희

초판 1쇄	2022년 06월 20일
3쇄	2023년 12월 25일

지은이	백세희
펴낸이	장현정
편집장	박정은
책임편집	박정오
디자인	최효선
마케팅	최문섭

펴낸곳	호밀밭
등록	2008년 11월 12일(제338-2008-6호)
주소	부산광역시 수영구 연수로357번길 17-8
전화	051-751-8001
팩스	0505-510-4675
홈페이지	homilbooks.com
전자우편	homilbooks@naver.com

ISBN 979-11-6826-059-7 03300